Henriette Wulff

Aufgespießt!

DAS KOCH BUCH

63 Rezepte mit Sti(e)l

blv

Inhalt

KAPITEL #04

KAPITEL #05

TIPP

Ab sofort heißt es Mut zur Spießigkeit! Mit dem wohl spießigsten Kochbuch der Welt und 63 Rezepten mit Sti(e)l sind Spaß und Genuss garantiert – ganz ohne schmutziges Geschirr und Besteck.

Vorwort

Hallo, liebe Spießer! Ich gebe es gerne zu, und vielleicht geht es dem ein oder anderen ähnlich: Sollte ich gerade nicht kochen oder essen, dann gehört es zu meinen Lieblingsbeschäftigungen, in kulinarischen Erinnerungen zu schwelgen. Ist es nicht herrlich, seine Gedanken schweifen zu lassen und an all die Leckereien zu denken, die man bereits verspeisen durfte? Insbesondere die Kindheit ist untrennbar mit Aromen verbunden, die sobald sie einem in die Nase steigen oder auf den Gaumen treffen, bestimmte Situationen oder Erlebnisse wach werden lassen. Das trifft einerseits auf Geschmäcker zu und andererseits auf die Art und Weise, wie das Essen serviert wird.

Würstchen und Marshmallows am Spieß oder Stockbrot über dem Lagerfeuer grillen, klebrige Zuckeräpfel auf dem Weihnachtsmarkt vernaschen, Lollis vom Kiosk um die Ecke für 10 Pfennige schnabulieren oder ein erfrischendes Eis am Stiel im Freibad schlecken – aufgespießtes Essen war immer ein absolutes Highlight in meiner Kindheit und ist untrennbar mit schönen Ereignissen verbunden. Auch auf meinen Reisen war Essen am Spieß allgegenwärtig: Süße Ananas auf den Streetfood-Märkten in Bangkok, gegrillter Schweinebauch in den Gassen Hanois, Steckerlfisch auf der Wiesn in München, Maiskolben mit Chilibutter an den Stränden von Bali, Corn Dogs auf New Yorker Straßenfesten, scharf-würziger türkischer Schisch Kebab, fangfrisches Seafood vom Fischmarkt in Kambodscha oder marinierter Tintenfisch im Strandrestaurant in Griechenland – überall auf der Welt wird aufgespießt, was das Zeug hält. Die Zutaten sind dabei zwar immer unterschiedlich, aber ein Spieß und viel Hingabe bei der Zubereitung machen aus jeder Mahlzeit ein »Stick« vom Glück.

Zu guter Letzt macht mich noch etwas ganz Einfaches zu einem großen Spießchenfan: Sie sind wahnsinnig praktisch. Man braucht kein Besteck, spart sich den Abwasch und sie liegen immer gut in der Hand.

Bei so vielen appetitanregenden Argumenten war mir schnell klar: Ein Kochbuch über Spieße muss her – und zwar für jede Gelegenheit! Inspiriert von Kindheitserinnerungen, Lieblingsessen, Reisehunger und Fingerfood-Klassikern, habe ich 63 köstliche und kreative Rezepte kreiert und dabei einfach mal den Spieß umgedreht. Ob zum Frühstück, Brunch, Dinner, Barbecue, Picknick, für die Party oder als Dessert, diese total spießigen Kreationen bieten für jeden Anlass eine bestechend gute und handliche Verpflegung. Darüber hinaus habe ich einige Tipps für die perfekte Spießerparty, gelungene Buffets und die richtige Zubereitung zusammengestellt.

Und nun genug der Worte. Viel Spaß und guten Appetit mit dem wohl spießigsten Kochbuch der Welt!

EURE HENRIETTE

Spießchen KUNDE

KLEINE SPIESSCHENGESCHICHTE

Am Anfang war das Spießchen … Wann genau die Menschen angefangen haben, ihr Essen aufzuspießen, ist nicht genau verzeichnet. Aber man kann vermuten, dass wir uns schon zu Urzeiten diese Zubereitungstechnik zu eigen gemacht haben, um uns beim Garen des Fleisches über dem Feuer nicht die Finger zu verbrennen. Und auch unsere nächsten Verwandten, die Affen, benutzen kleine Stöckchen, um die köstlichen Ameisen und Termiten aus ihren Gängen zu befördern. Essen vom Spieß ist also tief in uns verankert und ein kulinarisches Erbe der Menschheit. Kein Wunder, dass es Spieße fast überall auf der Welt gibt: Zum Beispiel *Yakitori* aus Japan, *Schisch Kebab* aus der türkischen und arabischen Küche, *Schaschlik* aus dem russischen und südosteuropäischem Raum oder *Saté* aus Südostasien. Das Spießchen hat nicht ohne Grund seinen Siegeszug um die Welt angetreten, denn es ist köstlich, ziemlich praktisch und unendlich vielseitig.

SPIESSCHEN – GENUSSVIELFALT

Spieße, Sticks und Co. sind unvergleichlich abwechslungsreich. Der Fantasie sind fast keine Grenzen gesetzt und einfallsreiche Genießer können sich hier richtig austoben. Denn Spieße passen bei jeder Gelegenheit und schmecken Groß und Klein. Ob zum Frühstück, Lunch, Dinner, als Fingerfood oder unterwegs als Pausensnack – Spieße gehen einfach immer! Dabei sind sie nicht nur für verschiedene Anlässe vielseitig einsetzbar. Auch die Aromenvielfalt der Allrounder ist nahezu grenzenlos. Mit saftigem Fleisch, frischem Fisch und Meeresfrüchten oder in der vegetarischen Variante mit Gemüse sind Spieße für jedermann eine Leckerei. Auch Schleckermäuler kommen nicht zu kurz, denn Desserts machen aufgespießt eine richtig gute Figur – ganz ohne klebrige Finger.

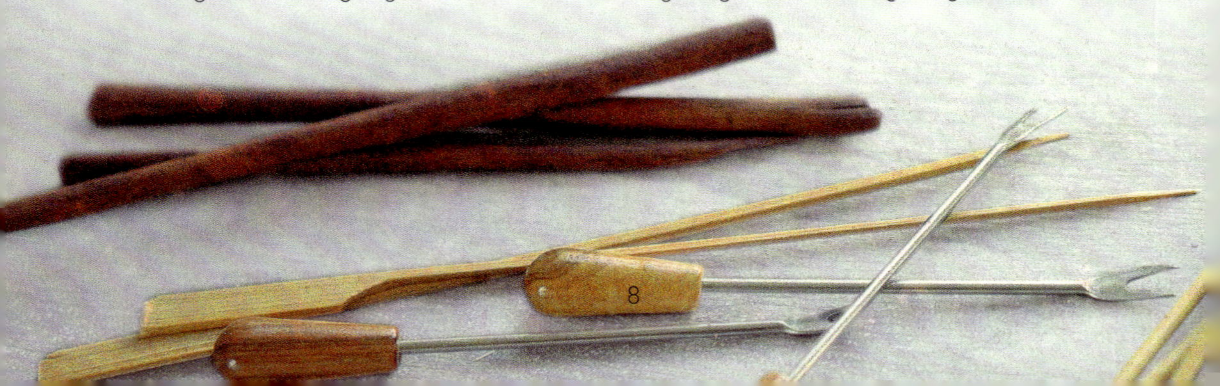

MATERIAL

Bei der Wahl des richtigen Spießes stehen Funktionalität und Kreativität an erster Stelle. Für heiße oder gegrillte Gerichte empfehle ich Spieße aus Metall, nachhaltigem Bambus oder Holz. Für kalte oder lauwarme Gerichte eignen sich auch kleine Cocktailpieker aus Plastik oder Horn. Unterschiedliche Spieße bekommt man in Supermärkten, Kaufhäusern, Dekogeschäften und im Internet. Mein Geheimtipp: auf Reisen in einheimischen Küchen- und Kramläden stöbern. Auch auf Flohmärkten bin ich schon fündig geworden und habe den ein oder anderen spießigen Schatz aus der Vergangenheit entdeckt. Aromatische Spieße lassen sich aus Kräutern wie Lorbeer- oder Rosmarinzweigen, Zitronengrasstangen oder Süßholz herstellen.

Besonders auf Partys oder Grillabenden ist spießiges Essen ein echter Hit. Man braucht keine Teller und Besteck, kann im Stehen genießen und die Finger bleiben blitzbank sauber. Was will man mehr! Die kleinen Spießer lassen sich außerdem einfach vorbereiten, sodass man als Gastgeber ganz entspannt bleiben kann. Und auch für Couch-Potatoes ist Aufgespießtes die passende Leckerei. Denn Spieße sind absolut stress- und kleckerfrei und damit die ideale Schlemmerei für den Serienmarathon, die Fußballparty oder einen Filmabend auf dem Sofa. Sogar die Arbeit wird mit köstlichen Sticks zum kulinarischen Vergnügen: Kreative Spieße sind ein gesunder Snack und lösen langweiliges und schweres Kantinenessen ab. Einfach die Spieße am Vorabend zubereiten, gut verpacken und am nächsten Tag fix und fertig mit ins Büro nehmen – so unkompliziert ist Genuss am Arbeitsplatz.

AUFGESPIESST – ABER RICHTIG

Spießigkeit ist eine Kunst für sich. Doch das Zusammenstellen eines appetitlichen Spießes ist kinderleicht, wenn man weiß, worauf man achten sollte: Die aufgespießten Stücke sollten mundgerecht geschnitten sein. Wird das Spießgut gleichzeitig gegart, zum Beispiel auf dem Grill, ist es wichtig, dass alle Zutaten in etwa gleich groß sind und ähnliche Garzeiten haben. Wesentlich ist außerdem die Konsistenz der Zutaten. Sind sie zu weich, rutschen sie vom Spieß. Sind sie zu fest, brechen sie vielleicht auseinander. Beim Grillen sollten Holz- und Bambusspieße vorher für einige Stunden gewässert werden, damit sie über der Glut nicht ankokeln. Metallspieße sind zum Grillen perfekt geeignet, da sie hoch erhitzt werden können und wiederverwendbar sind. Vorsicht: Es besteht Verletzungsgefahr, daher das Grillgut am besten vor dem Servieren vom Spieß nehmen. Für die Pfanne eignen sich Holz- oder Bambusspieße sehr gut – hier muss vorher nicht gewässert werden. Bei Metallspießen sollte man aufpassen, denn diese könnten beschichtete Pfannen zerkratzen.

TIPP

Zahnstocher oder Schaschlikspieße kann man pimpen, indem man kleine Perlen, Muscheln, Glitzersteine oder andere dekorative Elemente wie zum Beispiel bunte Papierfähnchen daran festklebt.

Spießchenbuffets PERFEKT GEPLANT

WIE VIEL WOVON?

In diesem Buch gibt es keine Angaben darüber, für wie viele Personen ein Rezept gedacht ist, sondern für wie viele Spieße. Denn es kommt ganz darauf an, für welchen Anlass gekocht wird. Daher im Folgenden einige Tipps für die richtigen Mengen: Für einen Cocktailempfang, bei dem es nicht ums Sattwerden geht, rechnet man mit etwa 5–6 Spießen pro Person. Bei einer längeren Party darf es mit 12–15 Spießen ruhig etwas mehr sein. Für ein opulentes Dinner, das einen ganzen Abend dauert und gut sättigen soll, empfehle ich ebenfalls mindestens 12–15 Spieße pro Gast. Wobei man in beiden Fällen 2–3 Spieße für das Dessert mit einrechnen sollte. Das Gleiche gilt für einen gemütlichen Sonntagsbrunch, der bis in den späten Nachmittag hineingeht. Bei einer ausgiebigen Grillparty, bei der es auch Salate oder Ähnliches als Beilagen gibt, braucht man etwa 6–8 Spieße pro Person. Zum einfachen Lunch oder Frühstück reichen ebenfalls etwa 6–8 Spieße pro Portion.

Wichtig: Für jede Person mindestens 2 Spieße pro Sorte bereit halten – sonst ist die Enttäuschung groß, dass man nicht alles probieren kann. Wenn bei einer Party viel Alkohol fließt, auf jeden Fall einplanen, dass zu später Stunde noch einmal nachgelangt wird, und dementsprechend mehr Spieße vorbereiten. Es kommt auch auf die Zusammensetzung der Gäste an. Jüngere Erwachsene essen tendenziell mehr als ältere Menschen oder kleine Kinder. Man sollte allerdings nicht den Fehler machen und glauben, dass die Verzehrmenge vom Geschlecht abhängig ist. Ich kenne viele Frauen, die ordentlich zulangen (mich eingeschlossen), und Männer, die essen wie Spatzen. Ich empfehle, immer etwas großzügiger zu planen, damit niemand hungrig bleibt. Sollte es Reste geben, freuen sich Gäste immer über ein kleines Mitnehmsel.

FUSSBALL-PARTY – EINE RUNDE SACHE
Verzickte Spießchen (S. 17), Müslibällchen (S. 20), Lamm für Spießer (S. 48), Falafelsticks (S. 92), Spießige Schweinerei (S. 98), Nippon-Sticks (S. 49), Mozzarellasticks (S. 101), Quarkbällchen to go (S. 119), Pistaziencakepops (S. 29).

STICKS ON TOUR – EINE SPIESSIGE WELTREISE
Samosasticks (S. 42), Nippon-Sticks (S. 49), Thunfischpoke to go (S. 103), Satéspieße (S. 55), Pulpo-loco-Sticks (S. 61), Des Kaisers neue Spieße (S. 75), Falafelsticks (S. 92), Jerksticks (S. 77), Süßsaure Kürbissticks (S. 82), Corn Dogs Italian style (S. 85), Sweet 'n' spicy Sticks (S. 118), Churrospießchen (S. 110).

INDOOR-GRILLEN – HEISSE SPIESSE FÜR KALTE TAGE
Pulpo-loco-Sticks (S. 61), Beschwipste Chicks (S. 64), Beefsticks (S. 65), Stockfisch de luxe (S. 66), Blumenkohl on fire (S. 71), Souk-Spazierstick (S. 68), Ägyptisches Stockbrot (S. 69), Griffiger Melonensalat (S. 83), Handliche Mischpilze (S. 74), Des Kaisers neue Spieße (S. 75), Jerksticks (S. 77).

FAMILIEN-BRUNCH – HIER WERDEN ALLE SATT
French-Toast-Brochettes (S. 16), Herzhafte Waffelspieße (S. 18), Spießige Leberwurst (S. 23), Eggs-Bendedict-Spießchen (S. 27), Schnecken am Spieß (S. 28), Auberginenhäppchen (S. 80), Quarkbällchen to go (S. 119), Müslibällchen (S. 20), Spießige Pute (S. 54), Mozzarellasticks (S. 101).

PARTYSPASS FÜR KIDS – LECKER OHNE GEKLECKER
Schnecken am Spieß (S. 28), Corn Dogs Italian style (S. 85), Miniburger am Spieß (S. 86), Spießerschnitzel (S. 100), Banoffee-Sticks (S. 108), Popcorn-Pops (S. 111), Karamelläpfel am Spieß (S. 121), Müslibällchen (S. 20), Raviolisticks (S. 57), Pistaziencakepops (S. 29).

COUCHPOTATO AM SPIESS – GUT VERSORGT BEIM TV-MARATHON
Süßsaure Kürbissticks (S. 82), Griffiger Melonensalat (S. 83), Corn Dogs Italian style (S. 85), Spießige Leberwurst (S. 23), Miniburger am Spieß (S. 86), Spießerschnitzel (S. 100), Raviolisticks (S. 57), Popcorn-Pops (S. 111), Pistaziencakepops (S. 29).

FLEISCHESLUST – DAS BUFFET FÜR CARNIVOREN
Spießige Leberwurst (S. 23), Münchner Stockwurst (S. 32), Kassler-Spießbraten (S. 45), Schweinebraten to go (S. 52), Steckerlschwein (S. 62), Beefsticks (S. 65), Miniburger am Spieß (S. 86), Spießige Schweinerei (S. 98), Spießerschnitzel (S. 100).

VEGGIE-VERWÖHNUNG – GEMÜSE SATT
Souk-Spazierstick (S. 68), Blumenkohl on fire (S. 71), Handliche Mischpilze (S. 74), Auberginenhäppchen (S. 80), Süßsaure Kürbissticks (S. 82), Grüne Tomaten mit Stiel (S. 89), Falafelsticks (S. 92), Griffiger Melonensalat (S. 83), Mozzarellasticks (S. 101).

UNDER THE SEA – MEER SPIESSE FÜR ALLE!
Fish 'n' Sticks (S. 30), Pilger-Wegzehrung (S. 38), Pulpo-loco-Sticks (S. 61), Stockfisch de luxe (S. 66), Des Kaisers neue Spieße (S. 75), Jerksticks (S. 77), Thunfischpoke to go (S. 103).

KAPITEL #01

SPIEßER Frühstück

Für Brunch, Brinner und Breakfast to to

Mintsticks

MINZPANCAKES MIT SCHOKOFÜLLUNG

18 x
aus Holz, Metall oder Kunststoff, kurz

PANCAKES
150 g Mehl
1 TL Backpulver
35 g Zartbitterschokolade (50 % Kakaoanteil)
200 ml Buttermilch
1 Ei
75 g Zucker
1 Päckchen Vanillezucker
1 Prise Salz
wahlweise 2 Tropfen grüne Speisefarbe
10 Tropfen Pfefferminzöl (Drogeriemarkt oder Apotheke)
3–4 EL Butterschmalz

FÜLLUNG
75 g Doppelrahmfrischkäse
75 g Nuss-Nougat-Creme

AUSSERDEM
18 frische Pfefferminzblätter

UTENSILIEN
Spritzbeutel mit kleiner Tülle nach Wunsch

TOLL ZUM BRUNCH, AUCH VOR 8!

1. Für den Pancaketeig das Mehl mit dem Backpulver mischen. Die Schokolade mit einem Messer in kleine Stückchen hacken.

2. In einer Schüssel Buttermilch, Ei, Zucker, Vanillezucker, Salz, Speisefarbe und Pfefferminzöl mit einem Handmixer verquirlen. Dann das Mehl sorgfältig unterrühren. Den Teig anschließend für 10 Minuten quellen lassen.

3. Währenddessen für die Füllung den Frischkäse mit der Nuss-Nougat-Creme glatt rühren. In einen Spritzbeutel mit mittelgroßer Tülle nach Wunsch füllen und gekühlt beiseitestellen.

4. In einer Pfanne 1 Esslöffel Butterschmalz erhitzen und bei mittlerer Hitze portionsweise 36 Pancakes backen. Bei Bedarf weiteres Butterschmalz hinzugeben. Ein Pfannkuchen sollte einen Durchmesser von circa 5 Zentimetern haben; dafür benötigt man etwa 1 Esslöffel Teig. Die Pfannkuchen sind fertig, wenn sie von jeder Seite leicht gebräunt sind.

5. Auf jeden Spieß jeweils 2 Pancakes in Tacoform gebogen stecken. Die Pfefferminzblättchen können dazwischen gesteckt werden oder zum Servieren über die Spießchen gestreut werden. Jeden Pancake mithilfe des Spritzbeutels mit Nougat-Frischkäse befüllen.

TIPP

Am besten in Papier-Muffinförmchen servieren. Wer kleine hitzebeständige Metallringe wie für Spiegeleier hat, kann sie für perfekt geformte Pancakes verwenden.

French-Toast-Brochettes

MIT ERDNUSSBUTTER UND BEEREN

12 x
aus Holz, lang

TOAST

8 große Scheiben Sandwich-Vollkorntoast (ca. 300 g)
100 g Erdnussbutter
3 Eier
150 ml Vollmilch
4 EL Zucker
1 TL Zimt
2 EL Butterschmalz

SPIESSZEUG

500 g gemischte Beeren, z. B. Erdbeeren, Himbeeren, Brombeeren
optional einige Blätter Zitronenmelisse oder Minze

SPIEßIGER KLASSIKER!

1. 4 Toastscheiben gleichmäßig mit Erdnussbutter bestreichen und mit je 1 weiteren Scheibe Toast bedecken.

2. In einer Schale Eier, Milch und 1 Esslöffel Zucker verquirlen. In einem flachen Teller den restlichen Zucker mit dem Zimt vermengen.

3. In einer Pfanne 1 Esslöffel Butterschmalz erhitzen. Den Rest erst bei Bedarf dazugeben. Die Toasts rundherum in der Eiermilch tränken und dann direkt in die Pfanne geben. Von beiden Seiten bei mittlerer Hitze für je 2–3 Minuten knusprig braun anbraten.

4. Die fertigen Toastschnitten aus der Pfanne nehmen und sofort im Zimtzucker wälzen. Anschließend jede Schnitte in 16 gleich große Würfel schneiden. Ergibt 64 Würfel.

5. Auf jeden Spieß die Beeren abwechselnd mit jeweils 5 Toastwürfel stecken. Die Reste sofort vernaschen. Wer mag, kann noch Zitronenmelisse oder Minze dazwischen spießen.

TIPP

Alternativ zur Erdnussbutter schmeckt auch Ziegenfrischkäse, Marmelade oder Schokocreme. Den Zucker zum Wälzen kann man auch mit Orangenschale, Rosenblüten oder Vanille aromatisieren.

Verzickte Spießchen

ZIEGENKÄSEBÄLLCHEN MIT PEKANNUSSCRUMBS

24 x
mit essbarem Stiel

GRISSINI

1 gestrichener TL Trockenhefe
100 ml lauwarmes Wasser
160 g Mehl + etwas zum Arbeiten
¼ TL Salz
¼ TL Zucker
1 TL Olivenöl

BÄLLCHEN

100 g Pekannüsse, alternativ Walnüsse
50 g Zucker
100 g getrocknete Aprikosen, sehr fein gewürfelt
400 g möglichst fester Ziegenfrischkäse (Taler oder Rolle)
2 TL Thymian, fein gehackt
Salz und schwarzer Pfeffer

UTENSILIEN

Backblech, Backpapier

MIT ESSBAREM SPIEẞCHEN!

1. Für die Grissini die Hefe im lauwarmen Wasser auflösen und 2–3 Minuten ruhen lassen. Dann in einer Schüssel mit allen weiteren Zutaten vermengen und von Hand für gut 5 Minuten kräftig durchkneten, bis ein glatter, geschmeidiger Teig entstanden ist. Den Teig 45 Minuten abgedeckt an einem warmen Ort gehen lassen.

2. Den Ofen rechtzeitig auf 180 °C Umluft vorheizen. Ein Backblech mit Backpapier auslegen. Den Teig nochmals kräftig durchkneten, dann auf einer bemehlten Arbeitsfläche 2–3 Millimeter dünn ausrollen. Anschließend in mindestens 24 je 0,5 Zentimeter dünne Streifen schneiden.

3. Die Teigstreifen einige Male spiralförmig um sich selbst drehen und dann auf das Blech legen. Für etwa 12 Minuten auf der mittleren Schiene backen, bis die Grissini leicht gebräunt sind. Zum Abkühlen auf ein Gitter geben.

4. Für die Bällchen die Pekannüsse in einer Pfanne ohne Fett bei mittlerer Hitze leicht anrösten. Vorsicht, sie brennen leicht an. Dann die Temperatur erhöhen, den Zucker über die Nüsse streuen und unter Rühren goldbraun karamellisieren lassen. Das dauert ein paar Minuten.

5. Die karamellisierten Nüsse auf ein Stück Backpapier geben, mit einem Löffel oder Spatel, nicht mit den Fingern, flach verteilen und trennen. Vollständig abkühlen lassen, dann mit einem Messer fein hacken.

6. Aprikosen, Ziegenkäse und Thymian vermengen, dann mit Salz und Pfeffer abschmecken. Aus der Masse 24 walnussgroße Bällchen formen und diese in den gehackten Nüssen wälzen. Am besten nochmals gut kühlen.

Zum Servieren die Grissini auf eine Länge von etwa 10 Zentimetern kürzen und auf jedes 1 Frischkäsebällchen stecken.

Herzhafte Waffelspieße

MIT CHEDDAR UND SPECKMARMELADE

20–25 x Spieße
aus Holz, Metall oder
Kunststoff, lang

SPECKMARMELADE
250 g Frühstücksspeck, klein gewürfelt
2 große rote Zwiebeln (ca. 200 g), klein gewürfelt
1–2 Knoblauchzehen, fein gerieben
100 g brauner Zucker
150 ml Wasser
2 EL dunkler Balsamicoessig
3 EL Ahornsirup (alternativ Honig)
¼ TL Chipotlepulver
½ TL edelsüßes Paprikapulver
¼ TL Pimentpulver
¼ TL schwarzer Pfeffer

WAFFELN
175 g Mehl
1 TL Backpulver
250 ml Buttermilch
1 Ei
1 Frühlingszwiebel, fein gehackt
50 g Cheddar, gerieben
1 TL geschmolzene Butter
2 Msp. Cayennepfeffer
Salz und schwarzer Pfeffer
2–3 EL Butter

UTENSILIEN
Küchenpapier, Waffeleisen

SÜßES FRÜHSTÜCK FÜR FLEISCHLIEBHABER!

1. Den Speck in einer Pfanne ohne Fett bei mittlerer Hitze langsam anbraten, bis er knusprig und braun geworden ist. Das Fett sollte langsam aus dem Speck austreten. Das dauert 10–15 Minuten. Den Speck aus der Pfanne nehmen und auf Küchenpapier abtropfen lassen. 2 Esslöffel des ausgelassenen Fetts in der Pfanne lassen, den Rest anderweitig verwenden.

2. In dem Fett die Zwiebeln 2–3 Minuten glasig andünsten. Dann den Knoblauch hinzugeben und 1 Minute mitdünsten. Anschließend den Zucker hinzugeben und circa 1 Minute karamellisieren lassen. Nun mit dem Wasser und Essig ablöschen.

3. Ahornsirup und alle Gewürze hinzugeben und die Marmelade bei geringer Hitze 15–20 Minuten einkochen lassen, bis die ganze Flüssigkeit verdampft ist und sie eine sämige Konsistenz bekommen hat.

4. Für die Waffeln Mehl und Backpulver mischen. In einer Schüssel Buttermilch und Ei mit einem Handmixer verquirlen, dann das Mehl untermischen. Anschließend Frühlingszwiebeln, Käse, geschmolzene Butter und den Cayennepfeffer hinzugeben und gut vermengen. Den Waffelteig mit Salz und Pfeffer abschmecken und 15 Minuten quellen lassen.

5. Das Waffeleisen mit Butter fetten und den Teig in Portionen in jeweils ungefähr 5 Minuten zu Waffeln backen. Die Waffeln am besten ganz frisch in Segmente teilen und einzeln aufspießen.

Zusammen mit der Baconmarmelade servieren.

Müslibällchen

MIT BLAUBEERSKYR

12 x
aus Holz, Metall oder Kunststoff, lang

MÜSLIBÄLLCHEN

75 g Kokosraspeln
100 g Mandeln, gehackt
200 g zarte Haferflocken
150 g kandierter Ingwer, klein gehackt
200 g Erdnussbutter nach Geschmack
100 g Honig
6 EL Wasser

SKYR

400 g Skyr
3 EL Orangensaft
1 TL Orangenabrieb
100 g Blaubeeren (TK oder frisch)

SCHICK GETARNTES GESUNDHEITSFRÜHSTÜCK!

1. Für die Müslibällchen in einer Pfanne ohne Fett Kokosraspel, Mandeln und Haferflocken für 2–3 Minuten bei mittlerer Hitze leicht anrösten. Dabei immer wieder umrühren. Dann alle weiteren Zutaten hinzugeben und die Masse auf kleiner Flamme 5 Minuten unter beständigem Rühren vorsichtig erwärmen, bis sich alle Zutaten vermengt haben.

2. Aus der Masse 36 Bällchen formen und auf jeden Spieß jeweils 3 Bällchen stecken. Die Spieße im Kühlschrank abkühlen lassen.

3. Währenddessen alle Zutaten für den Skyr vermengen.

Die Spießchen mit dem Dip und Beeren nach Geschmack servieren.

TIPP

Wer möchte, dass der Skyr eine schöne blaue Farbe hat, sollte gefrorene Blaubeeren verwenden, die geben beim Auftauen ordentlich Saft ab.

Taleggiolollis

MIT HIMBEEREN UND ROSMARIN

12 x
auf Eisstielen oder Holz-Pommes-gabeln

KÄSEPÄCKCHEN
50 g Himbeermarmelade
2 TL Rosmarin, fein gehackt
1 Spritzer Zitronensaft
2 Msp. schwarzer Pfeffer
75 g Taleggio
1 Ei
1 Packung fertiger Blätterteig
(ca. 275 g)

UTENSILIEN
Ausstecher oder Glas mit ca.
6–7 cm Ø, kleine Motivausstecher
(z. B. Herzen oder Sterne),
Backblech mit Backpapier

MACHT AUCH MORGENMUFFEL GLÜCKLICH!

1. In einer Schüssel Marmelade, Rosmarin, Zitronensaft und Pfeffer mischen. Den Käse in 12 gleich große Würfel schneiden. Das Ei in 1 Tasse geben und mit einer Gabel verquirlen.

2. Den Blätterteig noch etwas ausrollen und 24 Kreise ausstechen. Aus dem restlichen Teig 12 Motive ausstechen. Den Ofen auf 180 °C Umluft vorheizen.

3. Auf 12 Blätterteigkreise jeweils 1 Stück Käse und einen Klecks Marmelade geben. Nicht zu viel Füllung hineingeben, sonst läuft sie beim Backen aus. Mit einem Backpinsel etwas Ei auf die Ränder der Blätterteigkreise geben und die Stiele einlegen. Sie sollten mindestens 2 Zentimeter hineinragen. Dann die restlichen Blätterteigkreise auflegen und die Ränder mit einer Gabel sehr gut zusammendrücken. Etwas Ei auf die Lollis pinseln und die Teigmotive daraufsetzen. Dieses ebenfalls mit etwas Ei einpinseln.

4. Die Lollis auf ein Blech mit Backpapier legen und auf der mittleren Schiene für 15–20 Minuten goldbraun backen.

Die Lollis schmecken warm und kalt.

TIPP

Anstatt des Taleggios kann man auch Brie, Camembert oder andere Weichkäsesorten verwenden. Gut zu Käse passt außerdem Quittenmarmelade mit Thymian.

Spießige Leberwurst

WRAPS MIT APFEL UND SCHNITTLAUCH

1. In einer Pfanne das Öl erhitzen und die Zwiebelwürfel für etwa 1–2 Minuten glasig andünsten. Dann den Zucker hinzugeben und karamellisieren lassen. Mit Calvados ablöschen, dann vom Herd nehmen und abkühlen lassen.

2. Die Leberwurst in einer Schüssel mit dem Frischkäse, dem Apfelessig und den Gewürzen gut vermengen. Die karamellisierten Zwiebeln, die Apfelwürfel und den Schnittlauch hinzugeben und verrühren. Mit Salz und Pfeffer abschmecken.

3. Die Wraps gleichmäßig mit der Leberwurstcreme bestreichen und eng aufrollen. Aus jedem Wrap 9 Röllchen mit etwa 2–3 Zentimetern Dicke schneiden. Nach Geschmack mit den Schnittflächen in Schnittlauch wälzen. Jeweils 3 Röllchen auf einen Spieß stecken.

12 x
aus Holz, Metall oder Kunststoff, mittellang

FÜLLUNG

1 EL Pflanzenöl, z. B. Rapsöl
1 große rote Zwiebel (ca. 100 g), klein gewürfelt
1 TL brauner Zucker
2 EL Calvados
300 g feine Leberwurst
150 g Doppelrahmfrischkäse
1 TL Apfelessig
3 Msp. Pimentpulver
3 Msp. edelsüßes Paprikapulver
1 mittelgroßer säuerlicher Apfel (ca. 150 g), klein gewürfelt
4 EL Schnittlauchröllchen
Salz und schwarzer Pfeffer

AUSSERDEM

4 Stück Weizenwraps (ca. 25 cm Ø)
optional 5 EL Schnittlauchröllchen

SCHICK GEWICKELT!

TIPP

Alternativ zum Schnittlauch schmecken auch Thymian oder Minzeblätter. Anstelle der gekauften Wraps kann man auch die Crêpes von Seite 108 ohne Likör zubereiten.

Frühstück

Wer so wie ich ein echter Sticks-Fan ist, der startet schon mit aufgespießten Köstlichkeiten in den Tag. Wer mag sein Müsli schon ganz normal aus einer Schüssel essen, wenn es am Spieß gleich viel mehr Spaß macht. Für Abwechslung sorgt diese neue Art des Frühstücks auf jeden Fall und unkompliziert ist es außerdem: Viele der Frühstücks-Sticks sind einfach vorzubereiten, und so lässt es sich mit Genuss und viel Entspannung in den Tag starten.

Ohne ein ordentliches Frühstück geht bei mir nichts, und wenn ich am Wochenende Zeit habe, darf es auch gerne mal ein ausgiebiger Brunch sein. Was gibt es Schöneres, als ganz in Ruhe zu schlemmen und sich mit Freunden zu treffen. Wenn ich zum Brunch einlade, gehören leckere und praktische Spießchen einfach dazu. Übrigens: Wer Brunch mag, wird den Brinner-Trend lieben. Hier genießt man sein Frühstück einfach als Abendbrot und kann so Pancakes, French Toast, Eggs Benedict und Co. zu später Stunde servieren – und das schmeckt natürlich auch am Spieß. Bei diesem Trend bin ich auf jeden Fall dabei!

TIPP

Die Rezepte aus diesem Kapitel eignen sich nicht nur für Frühstück, Brunch oder Brinner, sondern auch als Dessert, Lunch oder Partyfood. Erlaubt ist, was gefällt und schmeckt!

DAS SÜSSE FRÜHSTÜCK

Der süße Zahn will auch schon morgens verwöhnt werden. Das gelingt mit Leckereien am Spieß besonders gut – denn die kann man ganz krümel- und kleckerfrei im Bett genießen. Da fühlt sich sogar ein grauer Montagmorgen wie ein ganz relaxter Sonntag an. Beim Genuss der French-Toast-Brochettes kommt einem das Bonjour in akzentfreiem Französisch über die Lippen, die Zimtschnecken am Spieß sind wahres Slow Food am Morgen und die von After Eight inspirierten Mintsticks schmecken auch vor acht Uhr hervorragend. Ist die Lust auf Süßes immer noch nicht befriedigt, helfen nur noch ein paar Pistaziencakepops mit weißer Schokolade – ein Kuchentraum, aus dem man am liebsten gar nicht erwachen möchte. Da bleibt man am besten einfach liegen und genießt.

DAS KRÄFTIGE FRÜHSTÜCK

Bei vielen Frühstückern darf es morgens schon richtig deftig zu gehen. Ein Stück Pizza oder eine Lasagne morgens um neun? Kein Problem! Ganz so heftig geht es bei meinen Rezepten nicht zu, aber der Gaumen wird dennoch ordentlich wachgekitzelt. Ein guter Wachmacher sind die Waffelsticks mit Cheddar und Speckmarmelade – eine herzhafte Alternative zu den süßen Klassikern. Und wenn die Fleischeslust dann noch nicht befriedigt ist, empfehle ich als zweiten Gang deftige Leberwurstwraps mit Apfel am Spieß. Wer es noch vor dem Mittagsläuten aus dem Bett schafft, verwöhnt sich mit einem aufgespießten Weißwurstfrühstück. Fischliebhaber gönnen sich einfach eine Lachsfrittata, die mit Schafskäsewürfeln vegetarisch variiert werden kann.

Eggs-Bendedict-Spießchen

MIT SCHNITTLAUCHHOLLANDAISE

16 X

auf Zahnstochern oder Cocktail-spießchen

HOLLANDAISE

125 g Butter
2 zimmerwarme Eigelbe
1 EL Crème fraîche oder Schmand
1 TL Zitronensaft
1 Prise Cayennepfeffer
Salz und schwarzer Pfeffer
2 TL Schnittlauchröllchen

SPIESSZEUG

16 Wachteleier
4 Scheiben Sandwich-Vollkorntoast (ca. 150 g)
1 TL Butter
16 Spinatblätter, nach Geschmack blanchiert
16 kleine Scheiben roher Schinken, 100 g, z. B. Serrano- oder Parmaschinken)
1–2 EL Schnittlauchröllchen

HANDLICHES LUXUSFRÜHSTÜCK

1. Für die Hollandaise die Butter in einem Topf schmelzen, kurz aufkochen und dann lauwarm abkühlen lassen. Die Eigelbe mit dem Schmand in ein Gefäß geben und mit einem Stabmixer mischen.

2. Dann die Butter in einem feinen Strahl unter ständigem Mixen nach und nach in die Eigelbmischung einlaufen lassen, bis eine cremige Sauce entstanden ist. Die Hollandaise mit Zitronensaft, Cayennepfeffer, Salz und Pfeffer abschmecken. Zuletzt die Schnittlauchröllchen unterrühren.

3. Nebenbei in einem kleinen Topf Wasser zum Kochen bringen und darin die Wachteleier in 3 Minuten wachsweich kochen. Abschrecken.

4. Das Sandwichbrot toasten. Jede Scheibe diagonal in 4 Dreiecke schneiden und etwas buttern. Die Eier schälen und halbieren. Auf jede Toastscheibe 1 Spinatblatt und 1 Scheibe Schinken legen. Dann auf einen Zahnstocher je 2 Eierhälften hintereinander aufspießen und auf den Toast stecken.

Die Spießchen zum Servieren mit etwas Hollandaise übergießen und mit Schnittlauchröllchen dekorieren.

TIPP

VARIANTEN:

Für **Eggs Blackstone** anstatt des Schinkens Bacon verwenden und mit Tomatenscheiben garnieren. Für **Eggs Florentine** den Schinken weglassen. Für **Eggs Hemingway** anstatt des Schinkens Räucherlachs verwenden.

Schnecken am Spieß

MIT ZIMT, DATTELN UND MANDELN

24 x
aus Holz, dünn und lang

HEFETEIG
2 TL Trockenhefe
100 ml lauwarme Milch
1 zimmerwarmes Ei
70 g Zucker
1 Päckchen Vanillezucker
50 g zimmerwarme Butter
1 Prise Salz
320 g Mehl + etwas Mehl zum Arbeiten

FÜLLUNG
2 EL Butter
1 TL Zimt
100 g Mandeln oder Walnüsse, gehackt
70 g Datteln, klein gehackt

GLASUR
100 g Puderzucker
2 EL Wasser

UTENSILIEN
Blech mit Backpapier

NASCHEN OHNE KLEBRIGE FINGER!

1. Für den Teig die Hefe in der lauwarmen Milch auflösen und 2–3 Minuten ruhen lassen. Die Hefemilch anschließend mit Ei, Zucker, Vanillezucker, Butter und Salz verrühren.

2. Anschließend das Mehl mit den Händen in die Masse einarbeiten und so lange weiterkneten, bis ein weicher, geschmeidiger Teig entstanden ist. An einem ruhigen, warmen Ort 45 Minuten abgedeckt zur doppelten Größe aufgehen lassen.

3. Währenddessen für die Füllung die Butter in einem Topf schmelzen und mit dem Zimt verrühren. Etwas abkühlen lassen. Den Ofen auf 180 °C Umluft vorheizen.

4. Den Hefeteig auf einer bemehlten Arbeitsfläche zu einem ungefähr 30 × 45 Zentimeter großen Rechteck ausrollen. Den Teig gleichmäßig mit der Zimtbutter bestreichen, dann mit den Nüssen und Datteln bestreuen.

5. Den Teig von einer langen Seite her eng aufrollen und 24 gleich dicke Scheiben schneiden. Die Schnecken mit den Schnittflächen nach oben und einigen Zentimetern Abstand auf ein Blech mit Backpapier legen und für 12–15 Minuten auf der mittleren Schiene backen.

6. Die Schnecken abkühlen lassen und wie Lollis aufspießen. Den Puderzucker mit dem Wasser zu einem dicken Guss verrühren und mit einem Löffel dekorativ auf die Schnecken träufeln.

TIPP

Die Zimtschnecken schmecken am besten, wenn man sie noch am gleichen Tag verzehrt. Alternativ zum Zuckerguss passt auch weiße oder dunkle Schokolade.

Pistaziencakepops

MIT ZUCCHINI UND LIMETTE

16 X

auf Holzspießchen oder Cakepopstielen

CAKEPOPS

125 g Mehl
1 gestrichener TL Backpulver
75 g Zucker
1 Packung Vanillezucker
1 Prise Salz
80 g Zucchini
2 Eier
40 ml Rapsöl
75 g Pistazien, gehackt
Abrieb von ½ Limette
1 EL Limettensaft
100 g Doppelrahmfrischkäse

DEKORATION

250 g weiße Kuvertüre
2 EL Pistazien, gehackt

UTENSILIEN

kleine Springform
15–20 cm Ø, gefettet

SÜßE ENERGYBALLS!

1. Den Backofen auf 180 °C Umluft vorheizen. Für den Teig Mehl, Backpulver, Zucker, Vanillezucker und Salz vermengen. Die Zucchini mittelfein raspeln und die Flüssigkeit sehr gut ausdrücken.

2. Die Eier in einer Schüssel für 2–3 Minuten mit dem Handmixer schaumig aufschlagen. Dann das Öl einlaufen lassen und 1–2 Minuten weiterschlagen. Anschließend die Mehlmischung hinzugeben und vorsichtig unterziehen. Zum Schluss Zucchini, Pistazien, Limettenabrieb und -saft in den Teig einrühren.

3. Die Masse in die vorbereitete Form füllen und 30 Minuten auf der mittleren Schiene backen. Den fertigen Kuchen auf ein Gitter stürzen und abkühlen lassen.

4. Zum Fertigstellen der Cakepopmasse den abgekühlten Kuchen in eine Schüssel bröseln und mit dem Frischkäse zu einer gleichmäßigen Masse verkneten. Etwa 16 walnussgroße Kugeln formen und 30 Minuten auf einem Tablett in den Kühlschrank stellen.

5. Währenddessen die Kuvertüre auf dem Wasserbad schmelzen. Jeden Cakepopspieß etwa 1 Zentimeter tief in Schokolade tauchen und anschließend eine gekühlte Teigkugel aufstecken. Kurz fest werden lassen, dann jeden Cakepop zum Überziehen in die Schokolade tauchen. Gut abtropfen lassen, anschließend sofort mit Pistazien bestreuen. Am besten aufrecht trocknen lassen.

TIPP

Wer keinen Cakepopständer hat, kann die Stiele zum aufrechten Trocknen in ein Stück Styropor stecken oder einen Schuhkarton mit Deckel benutzen, in den vorher Löcher gestochen wurden.

Fish 'n' Sticks

LACHSFRITTATAWÜRFEL MIT MANGOLD

25 x
aus Holz, Metall oder Kunststoff, kurz

FRITTATA

250 g gekochte Pellkartoffeln, festkochend
200 g Mangold
200 g Räucherlachs
1–2 EL Olivenöl + 1 EL für die Form
1 mittelgroße rote Zwiebel, klein gewürfelt
2–3 EL geröstete Pinienkerne
2 Msp. Chiliflocken
¼ TL edelsüßes Paprikapulver
2 EL geröstete Pinienkerne
1 Prise Muskatnussabrieb
Salz und schwarzer Pfeffer
6 Eier

SPIESSZEUG

13 Cocktail- oder Datteltomaten und 25 Dillspitzen

UTENSILIEN

ofenfeste eckige Form 25 × 25 cm, leicht gefettet

LEICHT ZU VARIIEREN!

1. Die Kartoffeln schälen und in mundgerechte Stücke schneiden. Den Mangold putzen und die Blätter von den Stielen trennen. Beides in 1 Zentimeter breite Streifen schneiden. Den Räucherlachs in etwa 2 Zentimeter breite Streifen schneiden.

2. Das Olivenöl in einer Pfanne erhitzen. Die Zwiebeln darin etwa 1–2 Minuten glasig andünsten. Dann die Mangoldstiele hinzugeben und 2 Minuten mitdünsten. Anschließend die Kartoffeln dazugeben und 2–3 Minuten braten. Zum Schluss die Mangoldblätter hinzugeben und die Mischung weitere 2–3 Minuten braten.

3. Den Herd ausstellen und die Pinienkerne, die Gewürze und den Lachs untermischen. Lauwarm abkühlen lassen und inzwischen den Backofen auf 200 °C Umluft vorheizen.

4. Die Eier in einer Schüssel verquirlen, dann mit der Mangold-Kartoffel-Masse mischen. Diese Mischung in die ofenfeste Form füllen und für 15–20 Minuten auf der mittleren Schiene backen. Die Frittata sollte leicht gebräunt sein. In der Form mindestens lauwarm abkühlen lassen.

5. Zum Servieren die Frittata in circa 25 etwa 5 Zentimeter große Würfel schneiden. Die Tomaten halbieren und jeweils 1 Hälfte zusammen mit 1 Frittatawürfel auf einen Zahnstocher aufspießen.

Zum Servieren mit einer Dillspitze dekorieren.

TIPP

Die Frittata schmeckt auch lecker, wenn der Räucherlachs durch die gleiche Menge Räucher- oder Kochschinken ersetzt wird. Wer es lieber vegetarisch mag, kann den Fisch durch 200 Gramm Schafskäsewürfel ersetzen.

Münchner Stockwurst

WEISSWURSTSPIESSCHEN

18 x
aus Holz, Metall oder Kunststoff, lang

SENFKÄSE
100 g Doppelrahmfrischkäse
1 TL süßer Senf
2 TL Schnittlauchröllchen
Salz und schwarzer Pfeffer

SPIESSZEUG
12 Weißwürste (ca. 700 g)
3 altbackene Laugenstangen
4 TL Butter zum Anbraten
18 Radieschen
einige Radieschenblätter

WEIẞWURSTFRÜHSTÜCK AM SPIEẞ

1. Für den Senfkäse Frischkäse mit Senf und Schnittlauchröllchen vermischen. Mit Salz und Pfeffer abschmecken.

2. In einem Topf Wasser zum Kochen bringen. Dann den Herd ausstellen, die Weißwürste in das heiße Wasser geben und den Topfdeckel auflegen. Die Würste etwa 20 Minuten erwärmen. Wenn das Wasser kocht, können die Würste platzen!

3. Die Laugenstange in etwa 1 Zentimeter dicke Scheiben schneiden. Es werden 36 Scheiben benötigt. In einer Pfanne die Butter erhitzen und darin die Laugenstangenscheiben von beiden Seiten in 2–3 Minuten knusprig braun anbraten.

4. Inzwischen die Radieschen putzen, dabei das Grün aufbewahren, und anschließend zu Blüten schneiden: Die Wurzelseite muss dazu nach oben zeigen. Dann von außen nach innen mit einem scharfen, kleinen Messer erst 5 Blütenblätter einschneiden. Dabei etwa im oberen Drittel ansetzen und nicht ganz nach unten durchschneiden. Dann nach innen versetzt weitere Blütenblätter einschneiden. Die Radieschen in kaltes Wasser legen, damit sich die Blütenblätter etwas öffnen.

5. Die heißen Würste pellen und in jeweils 3 gleich große, also insgesamt 36 Stücke schneiden. Auf jeden Spieß zuerst 1 Radieschenblüte stecken. Dann ein paar Radieschenblätter und anschließend abwechselnd je 2 Wurst- und Laugenstangenscheibe.

Die Spieße zusammen mit dem Dip servieren.

KAPITEL #02

LUXUS Spießchen

Für edle Dinner und
besonders spießige Anlässe

Handsome Hashbrowns

MIT ROASTBEEF UND CHIMICHURRI

12 x
aus Holz, Metall oder
Kunststoff, mittellang

CHIMICHURRI

1 Bund glatte Petersilie
2 Knoblauchzehen, geviertelt
2 EL Oreganoblätter
2 EL Thymianblätter
Saft von ½ Zitrone
Abrieb von 1 Zitrone
6 EL Olivenöl
1 EL Weißweinessig
¼ TL Chiliflocken
¼ TL Salz

HASHBROWNS

400 g Kartoffeln
300 g Pastinaken
2 Eier
2 Msp. Muskatnussabrieb
1 Msp. Cayennepfeffer
Salz und schwarzer Pfeffer
2–3 EL Butterschmalz

AUSSERDEM

12 Scheiben Roastbeef
(ca. 150 g)

RESTEVERWERTUNG DE LUXE!

1. Für die Chimichurri harte Petersilienstiele entfernen und das Kraut grob zerkleinern. Alle Zutaten in einem Blitzhacker oder mit dem Stabmixer fein pürieren.

2. Die Kartoffeln und Pastinaken schälen und grob raspeln. In eine Schüssel geben und mit den Eiern und Gewürzen vermengen. Mit Salz und Pfeffer abschmecken.

3. In einer Pfanne 2 Esslöffel Butterschmalz erhitzen. Für jeden Hashbrown jeweils 1 Esslöffel Pastinakenmasse in das heiße Fett geben und flach drücken. Bei mittlerer Hitze von jeder Seite 2–3 Minuten anbraten und dann unter mehrmaligem Wenden 5–6 Minuten durchgaren. Insgesamt werden 24 Stück benötigt.

4. Für die Spieße jeweils etwas Chimichurri auf 1 Hashbrown geben, dann 1 Scheibe Roastbeef. Anschließend wieder einen Klecks Chimichurri darauf verteilen und dann mit 1 weiteren Hashbrown bedecken. Mit einem Spießchen zusammenstecken und servieren.

TIPP

Dieses Gericht eignet sich sehr gut, um Bratenreste aufzubrauchen. Es schmeckt auch mit Schweinebraten, Tafelspitz und vielem mehr.

Pilger-Wegzehrung

JAKOBSMUSCHELN MIT TOPINAMBURCHIPS

12 x
aus Holz, Metall oder Kunststoff, mittellang

MUSCHELN
- 12 mittelgroße Jakobsmuscheln, küchenfertig
- 1 EL Butter
- 12 dünne Scheiben Schwarzwälder Schinken (50 g)
- 100 ml Apfelsaft
- 3–4 Thymianzweige + 12 kleine Zweige zum Dekorieren
- 25 ml Ahornsirup
- 1 TL Apfelessig
- 1 Scheibe frischer Ingwer
- Salz und schwarzer Pfeffer

CHIPS
- 250 g Topinambur, mittelgroße Knollen
- 500 ml Pflanzenöl zum Frittieren
- Salz und schwarzer Pfeffer

LUXUS TO GO

1. Die Jakobsmuscheln gut trocken tupfen. Die Butter in einer Pfanne erhitzen und darin die Jakobsmuscheln von jeder Seite jeweils 1 Minute scharf anbraten. Die Muscheln aus der Pfanne nehmen und beiseitestellen. Den Sud, der sich gebildet hat, aufbewahren.

2. In der gleichen Pfanne den Schinken 1–2 Minuten anbraten. Mit Apfelsaft ablöschen, dann alle weiteren Zutaten und 2–3 Esslöffel Muschelsud hinzugeben. Die Sauce bei mittlerer Hitze etwa 3 Minuten einreduzieren lassen. Anschließend die Muscheln dazugeben und 1–2 Minuten ziehen lassen.

3. Nebenbei für die Chips die Topinambur gründlich waschen und in etwa 2–3 Millimeter dünne Scheiben schneiden. Insgesamt werden 24 Scheiben benötigt. In einem mittelgroßen Topf das Pflanzenöl erhitzen, es sollte mindestens 3 Zentimeter hoch stehen. Es ist heiß genug zum Frittieren, wenn sich an einem hineingetauchten Holzstäbchen Bläschen bilden.

4. Die Topinamburscheiben portionsweise knusprig braun frittieren. Auf Küchenpapier abtropfen lassen, dann mit Salz und Pfeffer würzen.

5. Jeweils 1 Muschel mit 2 Topinamburscheiben und 1 Schinkenscheibe aufspießen und mit einem Thymianzweig dekorieren.

Gespickter Hirsch

MIT KRÄUTERSEITLINGEN

12 x
aus Holz, Metall oder Kunststoff, lang

FLEISCH
7 Pfefferkörner
5 Pimentkörner
5 Wacholderbeeren
5 Nelken, 3 EL Olivenöl
2 TL Honig
3–4 Thymianzweige, grob gehackt
2 Lorbeerblätter
2 EL Orangensaft
1 TL Orangenabrieb
1 EL Gin
600 g Hirschsteak (4–5 Stück)
2 EL Olivenöl, Salz

CRANBERRYSAUCE
150 g Cranberrys
200 ml Wasser
3 EL Gin, 3–4 Thymianzweige
4 EL Zucker
¼ TL schwarzer Pfeffer
1 Prise Salz, 1 TL Speisestärke

PILZE
18 Mini-Kräuterseitlinge (ca. 200 g)
2 EL Olivenöl
2–3 Thymianzweige
Salz und schwarzer Pfeffer

UTENSILIEN
ofenfeste Form/kleiner Bräter

SCHÖN SPIEßIG!

1. Für die Marinade Pfefferkörner, Piment, Wacholder und Nelken in einem Mörser grob zerstoßen. Zusammen mit 3 Esslöffeln Olivenöl, Honig, Thymian, den Lorbeerblättern, Orangensaft, Orangenabrieb und Gin in einer Schüssel vermischen. Das Hirschfleisch mit der Marinade in einen Gefrierbeutel geben und gut vermengen. Für 12 Stunden im Kühlschrank marinieren, dabei den Beutel ab und zu durchkneten.

2. Zum Braten des Fleisches den Ofen auf 175 °C Ober-/Unterhitze vorheizen. Das Hirschsteak aus der Marinade nehmen, Gewürzreste entfernen und gut abtrocknen. Die Marinade aufbewahren. In einer Pfanne 2 Esslöffel Olivenöl erhitzen und darin das Steak von beiden Seiten jeweils 1 Minute scharf anbraten. Das Fleisch in eine ofenfeste Form geben, mit der Marinade übergießen und etwa 15 Minuten ohne Deckel auf der mittleren Schiene garen. Je nach Dicke der Stücke kann sich die Garzeit verringern oder verkürzen. Das Fleisch darf noch leicht rosa sein.

3. Nebenbei für die Sauce alle Zutaten bis auf die Speisestärke in einen kleinen Topf geben und erhitzen. Bei mittlerer Hitze köcheln lassen, bis die Beeren aufplatzen. Zum Abbinden die Speisestärke mit 3 Esslöffel kaltem Wasser verrühren, in die Sauce geben und einmal aufkochen lassen.

4. Ebenfalls während das Fleisch brät die Kräuterseitlinge putzen und halbieren. In einer Pfanne das Olivenöl erhitzen und die Pilze scharf anbraten. Dann die Thymianzweige hinzugeben und 3–4 Minuten bei mittlerer Hitze braten, bis die Pilze leicht braun geworden sind. Mit Salz und Pfeffer abschmecken.

5. Zum Servieren das Steak aus der Marinade nehmen, abtropfen lassen und leicht salzen. In 36 mundgerechte Stücke schneiden. Auf jeden Spieß 3 Fleischstücke und 3 Pilzhälften im Wechsel stecken.

Die Spieße zusammen mit der Cranberrysauce servieren.

Fettes Kaninchen

IM LARDOMANTEL MIT MARSALASCHALOTTEN

1. Die Schalotten schälen und halbieren, wenn sie sehr groß sind vierteln. In einem Topf das Öl erhitzen und die Schalotten darin 1–2 Minuten von allen Seiten anbraten, bis sie leicht braun sind. Den Zucker hinzugeben und leicht karamellisieren lassen.

2. Die Schalotten mit Marsala ablöschen und nach 1 Minute alle weiteren Zutaten hinzugeben. Bei niedriger Hitze etwa 15 Minuten offen köcheln lassen, bis die Flüssigkeit vollständig einreduziert ist. Mit Salz und Pfeffer abschmecken.

3. Die Kaninchenfilets in 48 mundgerechte Stücke schneiden. Jedes mit etwas Lardo umwickeln und jeweils 4 Stücke auf einen Spieß stecken. Das Olivenöl in einer Pfanne erhitzen und darin die Spieße von allen Seiten etwa 1 Minute scharf anbraten. Dann die Temperatur stark reduzieren und die Spieße in etwa 5 Minuten gar ziehen lassen.

Die Spieße zusammen mit den Schalotten servieren.

TIPP

Fett ist nicht gleich Fett. Lardo ist ein hochwertiger, mit Gewürzen besonders gereifter fettreicher Speck mit einem feinen Aroma. Anstatt des Lardos schmeckt auch Pancetta sehr gut zum Kaninchenfilet.

12 x
aus Holz oder Metall, mittellang, oder Lorbeerästchen mit 1–2 Blättern

MARSALASCHALOTTEN

10 mittelgroße Schalotten (ca. 250 g)
1 EL Olivenöl
1 TL brauner Zucker
100 ml Marsala
2 TL Rotweinessig
1 Lorbeerblatt
1 ca. 10 cm langer Streifen Orangenschale
2–3 Thymianzweige
Salz und schwarzer Pfeffer

KANINCHEN

600 g Kaninchenfilet
48 dünn geschnittene, längliche Scheiben Lardo (ca. 100 g)
2 EL Olivenöl

SCHICK GEWICKELT!

Samosasticks

MIT LINSEN UND KOKOS-KORIANDER-DIP

20 x
aus Holz, Metall oder Kunststoff, mittellang

DIP
250 g Joghurt (3,5 % Fett)
80 ml Kokosmilch
3 EL Korianderkraut, fein gehackt
Salz und schwarzer Pfeffer

FÜLLUNG
250 g rote Linsen
1 kleine rote Zwiebel (ca. 50 g), klein gewürfelt
¼–½ TL grüne Chilischote, gehackt
2 Knoblauchzehen, gerieben
1 TL frischer Ingwer, gerieben
1 TL Garam Marsala
½ TL Kurkumapulver
½ TL geschrotete/zerstoßene Fenchelsamen
2 Msp. Zimtpulver
Salz und schwarzer Pfeffer

AUSSERDEM
10 Blätter Filoteig à ca. 30 × 30 cm (ca. 250 g)
ca. 750 ml Pflanzenöl zum Frittieren
etwas Koriandergrün

SPIEßIGE STREETFOODVARIANTE!

1. Für den Dip alle Zutaten mischen und glatt rühren. Mit Salz und Pfeffer abschmecken. Bis zum Servieren kalt stellen.

2. Für die Samosafüllung die Linsen 10 Minuten in ungesalzenem Wasser kochen. Dann das Wasser abgießen, die Linsen zurück in den Topf geben und in 2–3 Minuten die verbliebene Flüssigkeit ausdampfen lassen. Dabei ab und zu umrühren.

3. Alle anderen Zutaten zu den gekochten Linsen geben und gut verrühren. Mit Salz und Pfeffer abschmecken.

4. Die Filoteigblätter exakt übereinanderlegen, dann der Länge nach 3 × durchschneiden, sodass 40 Teigbahnen entstehen. Für die Herstellung eines Samosas jeweils in eine Ecke einer Teigbahn 1 Teelöffel Linsenfüllung geben und immer wieder zu einer dreieckigen Form einklappen, bis die Teigbahn aufgebraucht ist. Die Enden anfeuchten und festdrücken.

5. In einem mittelgroßen Topf das Pflanzenöl erhitzen, es sollte mindestens 4 Zentimeter hoch im Topf stehen. Es ist heiß genug zum Frittieren, wenn sich an einem hineingetauchten Holzstäbchen Bläschen bilden. Die Samosas portionsweise knusprig braun frittieren. Immer nur ein paar Samosas auf einmal frittieren, da sonst das Öl zu viel Hitze verliert. Dann mit einer Schaumkelle herausheben und auf Küchenpapier abtropfen lassen.

6. Auf jeden Spieß 2 Samosas und ein wenig Koriandergrün stecken.

Zusammen mit dem Dip servieren.

Blumenstrauß

STRAUSSENSTEAK MIT LAVENDEL

12 x
aus Holz oder Metall, mittellang

FLEISCH
50 ml Orangensaft
50 ml Rosé
2 EL Olivenöl
2 EL Ahornsirup
Abrieb von ½ Orange
2–3 TL getrocknete Lavendelblüten
1 TL Rosmarin, fein gehackt
¼ TL Chiliflocken
schwarzer Pfeffer
500 g Straußensteak

SPIESSZEUG
6 nicht zu reife Aprikosen (ca. 300 g)
Salz

AUSSERDEM
2 EL Olivenöl
2–3 TL getrocknete essbare Blütenblätter (z. B. Lavendel, Kornblume, Gänseblümchen)

BLUMIGER GRUß AUS DER KÜCHE!

1. Aus Orangensaft, Rosé, Olivenöl, Ahornsirup, Orangenabrieb, Lavendel, Rosmarin und Chiliflocken eine Marinade anrühren. Mit Pfeffer abschmecken.

2. Das Straußensteak von Sehnen und Fett befreien und in 48 mundgerechte Stücke schneiden. In einen Gefrierbeutel geben und mit der Marinade übergießen. Den Beutel gut zuknoten und für 2–3 Stunden oder auch über Nacht in den Kühlschrank legen. Ab und zu leicht durchkneten, damit die Marinade gut einzieht.

3. Die Aprikosen entkernen und in 48 mundgerechte Stücke schneiden. Auf jedes Spießchen abwechselnd jeweils 4 Fleisch- und 4 Aprikosenstücke stecken. Mit Salz würzen.

4. In einer Pfanne das Olivenöl erhitzen und die Spieße von beiden Seiten bei starker Hitze 1–2 Minuten scharf anbraten. Dann die Hitze reduzieren und die Spieße in 4–5 Minuten medium garen. Dabei ab und zu wenden.

Mit den getrockneten Blütenblättern bestreut servieren.

TIPP

Essbare getrocknete Blütenblätter bekommt man in gut sortierten Gewürzhandlungen und im Internet. Oder die Blumen einfach selbst ziehen und dann in der Sonne trocknen.

Kassler-Spießbraten

MIT RETTICH UND HONIGMAYONNAISE

1. Für den Braten den Ofen auf 180 °C Ober-/Unterhitze vorheizen. Das Kassler auf ein großes Stück Alufolie legen und die Seiten hochschlagen. In einen Bräter setzen. Den Apfelsaft mit dem Honig verrühren und über das Fleisch gießen. Die Gewürze um das Fleisch herumlegen. Die Alufolie fest verschließen und das Kassler in etwa 40 Minuten auf mittlerer Stufe garen.

2. Den Rettich schälen und in 36 mundgerechte Stücke schneiden. Dann Wasser, Reisessig, Senf und Zucker in einen Topf geben und kurz aufkochen. Die Hitze reduzieren, den Rettich hineingeben und in circa 5 Minuten gar köcheln lassen.

3. Inzwischen die Mayonnaise mit Honig, saurer Sahne und Frühlingszwiebeln verrühren. Mit Salz und Pfeffer abschmecken.

4. Das Kassler aus der Alufolie nehmen und in 36 mundgerechte Würfel schneiden. Für jedes Spießchen immer 3 Stücke Fleisch und 3 Stücke Rettich abwechselnd aufstecken.

Zusammen mit der Mayonnaise servieren. Schmeckt kalt und warm.

TIPP

Kassler ist gepökeltes und ganz leicht geräuchertes Schweinefleisch. Man bekommt es auch gekocht zu kaufen, aber mit feinen Gewürzen selbst gekocht schmeckt es einfach am besten.

12 x
aus Holz, Metall oder Kunststoff, mittellang

KASSLERBRATEN
800 g Kassler am Stück
50 ml warmer Apfelsaft
1 TL Honig
3–4 Wacholderbeeren
3–4 Pimentkörner
1 Lorbeerblatt
schwarzer Pfeffer

RETTICH
400 g Rettich
150 ml Wasser
75 ml Reisessig
1 EL grober Dijonsenf
3 EL Zucker

MAYONNAISE
3 EL Mayonnaise
1 TL Honig
2 EL saure Sahne
1 EL Frühlingszwiebeln, fein gehackt
Salz und schwarzer Pfeffer

UTENSILIEN
Alufolie, Bräter

KLASSISCHE EDELSPIEßCHEN!

Gute Zutaten

Für den verwöhnten Gaumen ist das Beste gerade gut genug. Doch was bedeutet eigentlich Luxus, wenn es ums Genießen geht? Muss es immer Trüffel, Hummer und Kaviar sein – ist das Teuerste auch gleichzeitig das Schmackhafteste? Für mich muss Luxus nicht kostspielig oder exklusiv sein. Es geht darum, sich selbst und anderen etwas Gutes zu tun und sich richtig zu verwöhnen. Dazu gehören qualitativ hochwertige Zutaten, Hingabe bei der Zubereitung und besondere Produkte, die nicht jeden Tag auf den Tisch kommen. So kann sich auch eine einfache, schnöde, aber gute Kartoffelsorte in ein pompöses Mahl verwandeln.

Die Zubereitung von Luxusspießchen darf ruhig etwas aufwendiger sein – schließlich ist auch Zeit in unserem stressigen Leben ein wahrer Luxus. Prunk, Protz und Überfluss werden gerne mit Luxus gleichgestellt – doch garantiert eine überladene Tafel nicht gleichzeitig auch den höchsten Genuss. Mit kleinen, aber feinen Spießchen würdigt man das Besondere und verleiht jedem Anlass den angemessenen Glamour.

TIPP: Kleine Details setzen Luxusspieße richtig in Szene: Wie wäre es zum Beispiel mit einem Hauch essbarem Goldpuder – das kostet weniger, als man denkt, und macht ordentlich was her.

LUXUS AM SPIESS

Wenn es etwas Außergewöhnliches zu feiern gibt, dann muss auch das Essen dem Anlass würdig sein. Spieße sind das ideale Fingerfood für schicke und edle Anlässe, denn die Hände bleiben sauber und die Gefahr, dass man sich die elegante Garderobe beschmutzt, wird gebannt. Außerdem hat man ohne Besteck eine Hand für das Champagnerglas frei.

Mit kleinen, feinen Spießchen schlägt man sich zudem nicht zu sehr den Magen voll und ist nachher noch in der Lage, das Tanzbein zu schwingen. Ob Hochzeit, Weihnachtsfest oder Jubiläumsfeiern – mit Sticks hinterlässt man auch in den erlesensten Kreisen einen exquisiten Eindruck.

LOVE IS IN THE AIR

Dass Liebe durch den Magen geht, hat sich mittlerweile rumgesprochen. Das klassische Candle-Light-Dinner könnte allerdings eine Generalüberholung brauchen – schließlich will man den Liebsten oder die Liebste nicht mit einem langweiligen Standardprogramm abspeisen, sondern etwas Besonderes bieten. Wie wäre es also mit einem romantischen Abendessen am Spieß? Nach feinen Jakobsmuscheln und Topinbamburchips als Vorspiel, gefolgt von zartem Lamm mit Granatapfelsauce und Couscous, bilden die Handsome Hashbrowns den kulinarischen Höhepunkt des Menüs. Und ob es dann süße Küsse zum Dessert gibt, entscheidet der Abend …

Lamm für Spießer

MIT GRANATAPFEL, PFLAUMEN UND COUSCOUS

20 x
aus Holz oder Metall, kurz

COUSCOUSBÄLLCHEN
150 ml Wasser
200 g Instant-Couscous
½ TL Korianderpulver
1 Msp. Muskatnussabrieb
Salz und schwarzer Pfeffer
1 Ei
3 EL Olivenöl

LAMM
300 g Lammlachse
5 frische rote Pflaumen
(ca. 250 g)
1 EL Olivenöl
200 ml Granatapfel-Direktsaft
¼ TL Pimentpulver
1 Rosmarinzweig
2 TL Dattelsirup, alternativ Honig oder Zuckerrübensirup
Salz und schwarzer Pfeffer

UTENSILIEN
Alufolie

ORIENTALISCHER LUXUS AUF DIE HAND!

1. Für die Couscousbällchen das Wasser kochen und in einem Topf über den Couscous gießen. 5 Minuten quellen lassen, bis er gar, aber noch leicht bissfest ist. Dann mit den Gewürzen mischen, mit Salz und Pfeffer abschmecken und lauwarm abkühlen lassen.

2. Den abgekühlten Couscous gut mit dem Ei vermischen. Aus der Masse 20 etwa walnussgroße Bällchen formen. In einer Pfanne das Olivenöl erhitzen und die Bällchen bei mittlerer Hitze in etwa 10 Minuten von allen Seiten knusprig braun anbraten. Warm stellen.

3. Die Lammlachse in 20 mundgerechte Stücke schneiden. Die Pflaumen entkernen und vierteln. Jeweils 1 Stück Lamm und 1 Pflaumenviertel aufspießen. Es sollte später noch genug Platz für 1 Couscousbällchen auf jedem Spieß sein. In einer Pfanne das Olivenöl erhitzen und darin die Spieße in 3–4 Minuten von allen Seiten scharf anbraten.

4. Die Spieße aus der Pfanne nehmen und in Alufolie wickeln. Den Bratensatz mit dem Granatapfelsaft ablöschen. Den Piment, den Rosmarinzweig und den Sirup/Honig zur Sauce geben. So lange offen einkochen, bis sie eine sirupartige Konsistenz hat. Die Sauce anschließend mit Salz und Pfeffer abschmecken, die Spieße wieder hineingeben und etwa 1 Minute mit erwärmen.

Zum Servieren je ein Couscousbällchen auf einen Lammspieß stecken. Zusammen mit der Sauce servieren.

Nippon-Sticks

HACKBÄLLCHEN MIT MIRINGURKEN

12 x
aus Holz, Metall oder Kunststoff, lang

GURKEN

1 Salatgurke (ca. 400 g)
50 ml Wasser
3 EL Mirin (japanischer Reisessig)
3 EL Zucker

GLASUR

60 ml Sojasauce
2 TL Sesamöl
30 ml Reisessig
60 ml Sake (Reiswein)
70 g brauner Zucker
1 Knoblauchzehe, gerieben
1 TL frischer Ingwer, gerieben
1 EL Speisestärke
50 ml kaltes Wasser

BÄLLCHEN

500 g Rinderhack
1 Ei
¼ TL Wasabipaste
5 EL Semmelbrösel
2 kleine Frühlingszwiebeln (ca. 30 g), fein gehackt
1 TL frischer Ingwer, gerieben
1–2 Knoblauchzehen, gerieben
Salz und schwarzer Pfeffer

AUSSERDEM

1,5 l Gemüsefond oder Rinderfond
3–4 EL geröstete Sesamsamen

ESSEN MIT STÄBCHEN – GANZ EINFACH!

1. Die Gurke längs halbieren, die Kerne mit einem Löffel herauskratzen. Dann längs vierteln und in insgesamt 48 mundgerechte Stücke schneiden. In einem Topf das Wasser mit Mirin und Zucker erhitzen und köcheln lassen, bis sich der Zucker gelöst hat. Diese Mischung über die Gurken gießen und die Mischung für 2 Stunden im Kühlschrank durchziehen lassen. Zwischendurch umrühren.

2. Für die Glasur Sojasauce, Sesamöl, Reisessig, Sake, Zucker, Knoblauch und Ingwer in einem Topf verrühren, dann kurz aufkochen. Zum Binden die Stärke mit dem Wasser mischen, unter Rühren in die Sauce laufen lassen und aufkochen. Warm halten.

3. Für die Bällchen allen Zutaten in eine Schüssel geben und gut verkneten. Die Masse mit Salz und Pfeffer abschmecken und 36 etwa walnussgroße Hackbällchen formen. In einem Topf den Fond erhitzen und die Bällchen darin in 10–12 Minuten bei niedriger Hitze gar ziehen lassen. Die Flüssigkeit sollte nicht kochen.

4. Die Bällchen aus dem Fond herausnehmen, gut abtropfen lassen, in die Glasur geben und 10 Minuten bei niedriger Hitze darin ziehen lassen.

5. Für die Spieße jeweils 3 Bällchen und 4 Gurkenstücke abwechselnd aufspießen und mit Sesamsamen bestreuen.

TIPP

Anstatt der Gurken kann man auch Rettich verwenden – diesen genauso wie die Gurken einlegen.

Stockente

MIT SÜSSKARTOFFELN UND KAFFEE-CHILI-SAUCE

1. Die Süßkartoffeln schälen und in 48 circa 2 Zentimeter große Würfel schneiden. In einer Schüssel mit Olivenöl, Orangensaft und -abrieb, Rosmarin und Zimt vermischen. Salzen und pfeffern. Beiseitestellen.

2. Den Ofen auf 180 °C Ober-/Unterhitze vorheizen. Die Entenbrust von Sehnen und Fett befreien und die Haut kreuzweise mit circa 1 Zentimeter Abstand einschneiden. Die Pfanne warm (nicht heiß) werden lassen und die Entenbrüste auf der Hautseite hineinlegen. Die Temperatur nun steigern und die Entenbrüste bei starker Hitze für 2–3 Minuten anbraten. Dann aus der Pfanne nehmen und von beiden Seiten salzen und pfeffern.

3. Die Entenbrust mit der Hautseite nach oben zusammen mit den Süßkartoffeln in einen Bräter geben und auf der mittleren Schiene in 25–30 Minuten garen.

4. Inzwischen für die Sauce das Olivenöl in einem Topf erhitzen, die Zwiebeln mit dem Ingwer glasig anschwitzen. Dann das Tomatenmark kurz mit anbraten. Alle weiteren Zutaten unterrühren und 5 Minuten bei kleiner Hitze köcheln lassen. Anschließend mit einem Stabmixer pürieren.

5. Die Entenbrust 5 Minuten ruhen lassen und dann in insgesamt 36 Scheiben schneiden. Zum Zusammensetzen der Spieße je 3 Scheiben Entenbrust mit 4 Süßkartoffelwürfeln auf einen Spieß stecken.

Die Spieße zusammen mit der Sauce servieren.

12 x
aus Holz, Metall oder Kunststoff, mittellang

SÜSSKARTOFFELN

500 g Süßkartoffeln
2 EL Olivenöl
Saft und Abrieb von 1 Orange
1–2 TL Rosmarin, fein gehackt
2 Msp. Zimt
Salz und schwarzer Pfeffer

ENTE

2 Entenbrüste (ca. 600 g)
Salz und schwarzer Pfeffer

SAUCE

2 EL Olivenöl
1 rote Zwiebel, klein gewürfelt
1 TL frischer Ingwer, gerieben
1 EL Tomatenmark
100 ml starker Kaffee
1 EL dunkler Balsamicoessig
3 TL brauner Zucker
1 rote Chilischote, entkernt und gehackt
4 Knoblauchzehen, gerieben
je ¼ TL gemahlene Muskatblüte, Pimentkörner und Nelken
¼–½ TL Chipotlepulver
¼ TL Rauchsalz
2 Msp. schwarzer Pfeffer

UTENSILIEN

Bräter

ALLES ANDERE ALS SPIESSIG!

Schweinebraten to go

MIT QUITTEN UND KNUSPERKNÖDEL

16 x
aus Holz, Metall oder Kunststoff, mittellang

KNÖDEL
200 g altbackene Brötchen, gewürfelt
1 mittelgroße Schalotte (ca. 40 g), klein gewürfelt
1 TL Butter
150 ml Milch
1 Ei
1 EL glatte Petersilie, fein gehackt
2 Msp. edelsüßes Paprikapulver
½ TL Thymian, fein gehackt
Salz und schwarzer Pfeffer
1–2 EL Butterschmalz

SPIESSZEUG
400 g Quitten
2 TL Butter
3 TL brauner Zucker
3 EL Whisky
50 ml Wasser
3–4 Thymianzweige
1 Prise Cayennepfeffer
16 dünne Scheiben kalter Schweinebraten (ca. 200 g)

UTENSILIEN
Frischhaltefolie, Alufolie

GEMÜTLICHKEIT MIT STI(E)L!

1. Für die Knödel die Brötchenwürfel in eine Schüssel geben. Die Schalottenwürfel in der Butter für 1–2 Minuten glasig andünsten. Dann die Milch dazugeben und lauwarm erhitzen. Diese Mischung über die Brötchenwürfel geben. Einige Minuten ziehen lassen.

2. Ei, Petersilie und alle Gewürze zum eingeweichten Brötchen geben und alles gut mit den Händen verkneten. Der Teig für Serviettenknödel muss nicht ganz so fest sein wie für frei schwimmende Knödel, weil die Folie Halt bietet. So werden die Knödel schön locker. Nach Geschmack mit Salz und Pfeffer würzen. Die Masse 15 Minuten ziehen lassen. 2 jeweils 30 Zentimeter lange Stücke Alu- und Frischhaltefolie vorbereiten.

3. Die Knödelmasse in 2 Portionen teilen und jede auf einem Stück Frischhaltefolie zu einer Rolle von etwa 12 Zentimeter Länge formen. Sorgfältig, aber nicht zu stramm einrollen (der Teig geht auf) und die Enden wie bei einem Bonbon fest verschließen. Ebenso zusätzlich mit Alufolie verpacken. Die Knödelrollen in einen Topf mit kochendem Wasser geben und 20 Minuten bei niedriger Hitze gar ziehen lassen.

4. Inzwischen die Quitten schälen, entkernen und in 16 je 2 Zentimeter dicke Spalten schneiden. In Butter bei mittlerer Hitze etwa 2 Minuten anbraten. Anschließend den Zucker dazugeben und karamellisieren lassen. Erst mit Whisky, dann mit Wasser ablöschen. Thymian und den Cayennepfeffer hinzugeben und die Quitten bei niedriger Hitze in circa 6–7 Minuten weich garen.

5. Die Knödel aus dem Wasser nehmen und die Alufolie entfernen. 16 Knödelscheiben schneiden. In Butterschmalz auf beiden Seiten circa 2 Minuten knusprig braun anbraten.

6. Jeweils 1 Knödelscheibe mit 1 Bratenscheibe und 1 Quittenspalte aufspießen.

Die Spießchen warm oder kalt servieren.

TIPP

Der Serviettenknödel kann gut vorbereitet werden und auch über Nacht im Kühlschrank lagern. Wer den Braten lieber warm mag, kann ihn in Bratensauce oder in einer Pfanne mit etwas Öl erwärmen.

Spießige Pute

ROULADEN MIT SCAMORZA UND POLENTA

24 x
aus Holz oder Metall, kurz

ROULADEN
100 g getrocknete Tomaten in Öl
1 Frühlingszwiebel, fein gehackt
1 TL Rosmarin, fein gehackt
1 TL Thymian, fein gehackt
Abrieb von ½ Zitrone
100 g Scarmorza
8 Putenschnitzel (ca. 1 kg)
Salz und schwarzer Pfeffer
2 EL Öl von den getrockneten Tomaten
2–3 Knoblauchzehen, angedrückt
100 ml trockener Weißwein
100 ml Wasser
1 Rosmarinzweig
1 EL Zitronensaft

POLENTA
400 ml Geflügel- oder Gemüsefond
200 ml Wasser
350 g Instant-Polenta (Maisgrieß)
30 g Parmesan, gerieben
1 Prise Muskatnussabrieb
Salz und schwarzer Pfeffer
3–4 EL Olivenöl + etwas für die Form

UTENSILIEN
Frischhaltefolie, 16 Zahnstocher, eckige Form 20 × 20 cm, mit Öl gefettet

1. Für die Rouladen die getrockneten Tomaten trockentupfen und fein hacken. Mit Frühlingszwiebeln, Rosmarin, Thymian und Zitronenabrieb vermengen.

2. Den Scamorza in 16 dünne Scheibchen schneiden. Die Putenschnitzel zwischen Frischhaltefolie klopfen, sie sollten etwa 0,5 Zentimeter dick sein. Salzen und pfeffern. Dann mit der Tomaten-Kräuter-Mischung bestreichen und mit jeweils 2 Scheibchen Scamorza belegen. Die Schnitzel zu Rouladen aufrollen und mit je 2 Zahnstochern feststecken.

3. In einer Pfanne das Tomatenöl erhitzen und die Rouladen von allen Seiten circa 5–6 Minuten anbraten, bis diese leicht gebräunt sind. Den Knoblauch hinzugeben und kurz weiterbraten. Dann mit Weißwein ablöschen und kurz aufkochen. Wasser, Rosmarin und Zitronensaft hinzugeben. Abgedeckt bei mittlerer Hitze etwa 15 Minuten garen, dabei zwischendurch wenden.

4. Inzwischen für die Polenta Fond und Wasser in einem Topf aufkochen. Die Polenta einrieseln lassen und alles gut mit einem Schneebesen verrühren. Den Parmesan hinzugeben. Mit Muskatnuss, Salz und Pfeffer abschmecken, dann vom Herd nehmen.

5. Die Polenta in die geölte Form füllen und glatt streichen. Im Kühlschrank abkühlen lassen. Dann in 24 Würfel schneiden und in einer Pfanne mit 2 Esslöffeln Olivenöl portionsweise von beiden Seiten je 1–2 Minuten knusprig braun anbraten. Wenn die Würfel am Pfannenboden kleben bleiben, etwas mehr Olivenöl dazugeben.

6. Für die Spieße die Rouladen in jeweils 3 Scheiben schneiden und jede zusammen mit einem Polentawürfel aufspießen.

Satéspieße

VOM SCHWEIN MIT ERDNUSSSAUCE

1. Für die Sauce alle Zutaten bis auf das Korianderkraut in einem kleinen Topf unter Rühren erhitzen. Die Sauce mit Salz abschmecken. Vor dem Servieren abkühlen lassen und erst dann den frischen Koriander unterrühren. Eventuell nachsalzen.

2. Für die Satéspieße zunächst eine Gewürzpaste herstellen. Dazu Nelken, Muskatnuss, Kemirinüsse, Pfefferkörner und Sesamsamen im Mörser fein zermahlen. Dann mit allen weiteren Würzzutaten in einen Blitzhacker geben und zu einer feinen Paste zerkleinern.

3. Das Schweinefleisch von Sehnen befreien und im Blitzhacker fein zerkleinern, es darf aber keine musartige Konsistenz bekommen, sondern sollte noch etwas Struktur haben. Die Lemongras-Stangen auf 15 Zentimeter kürzen.

4. Das Fleisch gleichmäßig mit der Würzpaste vermengen. Dann keulenförmig um das dicke Ende der Lemongras-Stangen herum andrücken. In einer Pfanne das Öl erhitzen und die Spieße bei mittlerer Hitze von allen Seiten für jeweils etwa 5 Minuten braun braten.

Die Spießchen mit der Sauce servieren.

12 x
auf Lemongras-Stangen gespießt

SAUCE

3 EL Erdnussbutter
2 Knoblauchzehen, gerieben
1 TL frischer Ingwer, gerieben
½ TL Kurkumapulver
½ TL Korianderpulver
2 TL süße Chilisauce
75 ml Kokosmilch
120 ml Wasser, 2 TL Fischsauce
1 TL Limettensaft, Salz
1 EL Korianderkraut, fein gehackt

WÜRZPASTE

3 Nelken
2 Msp. Muskatnussabrieb
3 Kemirinüsse, ersatzweise Macadamianüsse
7 Pfefferkörner, ¼ TL Sesamsamen
2 Schalotten, gehackt (ca. 50 g)
4 TL Rapsöl, 2 TL Fischsauce
1 TL Zitronensaft, 1 TL Palmzucker
3–4 Knoblauchzehen, fein gehackt
1 haselnussgroßes Stück Galgant, gerieben
¼ TL Chilischote ohne Kerne, fein gehackt
¼ TL Kreuzkümmelpulver
1 TL Kurkumapulver
1 TL Korianderpulver, ¼ TL Salz

FLEISCH

500 g Schweinegulasch
2–3 EL neutrales Pflanzenöl

HANDLICHER KLASSIKER!

Raviolisticks

MIT ORANGEN-PAPRIKA-KETCHUP

1. Für die Sauce das Olivenöl in einem Topf erhitzen und die Zwiebeln für 1–2 Minuten glasig dünsten. Dann den Knoblauch hinzugeben und 1 Minute mitdünsten. Das Tomatenmark hinzugeben und kurz anrösten.

2. Die Zwiebelmischung mit Essig ablöschen und nach 1 Minute alle weiteren Zutaten unterrühren. Bei kleiner Hitze etwa 20 Minuten köcheln lassen. Dann die Thymianzweige herausnehmen und die Sauce mit einem Stabmixer fein pürieren. Warm stellen.

3. Die Ravioli nach Packungsanleitung in Salzwasser garen, sie sollten noch gut bissfest und nicht zu weich sein. Abseihen und gut abtropfen lassen.

4. Das Mehl in einen flachen Teller geben. Die Eier in einem tiefen Teller mit der Milch verquirlen. Das Paniermehl in einem flachen Teller mit dem Salz mischen. Die Ravioli erst in Mehl wenden und gut abklopfen. Dann im Ei und danach in den Semmelbröseln wenden.

5. Rechtzeitig in einem mittelgroßen Topf das Pflanzenöl erhitzen, es sollte mindestens 3 Zentimeter hoch stehen. Es ist heiß genug zum Frittieren, wenn sich an einem hineingetauchten Holzstäbchen Bläschen bilden. Die Ravioli portionsweise knusprig braun frittieren, dann auf Küchenpapier abtropfen lassen. Immer nur ein paar Ravioli auf einmal frittieren, da das Öl sonst zu viel Hitze verliert.

6. Immer 4 Ravioli auf einen Spieß stecken.

Die Spießchen zusammen mit der Sauce servieren.

12 x
aus Holz, Metall oder Kunststoff, lang

SAUCE
1 EL Olivenöl
1 mittelgroße weiße Zwiebel, klein gewürfelt
1 Knoblauchzehe, gehackt
1 EL Tomatenmark
30 ml Weißweinessig
100 ml Wasser
70 ml Orangensaft
1 Dose gehackte Tomaten, 400 g
3 EL mildes Ajvar (Paprikapaste)
Abrieb von ½ Orange
100 g brauner Zucker
1 Lorbeerblatt
2–3 Thymianzweige
½ TL Pimenton (geräuchertes Paprikapulver), scharf
1 TL edelsüßes Paprikapulver

PASTA
48 frische Ravioli mit beliebiger Füllung (ca. 400 g)
3–4 EL Mehl
2 Eier
5 EL Milch
150 g Paniermehl
¼ TL Salz

AUSSERDEM
500 ml Pflanzenöl zum Frittieren

KAPITEL #03

HEIßE Spießchenware

Feuerfeste Sticks für Pfanne und Grill

Pulpo-loco-Sticks

MIT SEPIA UND CHORIZO

1. Die Sepiatuben in einer Schüssel mit dem Zitronensaft vermischen und mit Pfeffer und grobem Meersalz abschmecken. Einige Minuten ziehen lassen.

2. Die Chorizo in 24 Scheiben schneiden. Auf jeden Spieß 4 Sepiatuben abwechselnd mit 2 Scheiben Wurst und zwei Pimientos stecken.

3. Eine Grillpfanne mit dem Olivenöl einfetten und die Spieße von beiden Seiten insgesamt 5–6 Minuten bei starker Hitze braten. Dabei ab und zu wenden.

12 x
aus Holz oder Metall, mittellang

SEPIA

48 mittelgroße Babysepiatuben (ca. 500 g)
2 TL Zitronensaft
schwarzer Pfeffer
etwas grobes Meersalz

AUSSERDEM

250 g Chorizo zum Braten
24 Pimientos de Padron (ca. 200 g)
1–2 EL Olivenöl

FRISCH GESPIEßT!

TIPP

Dazu passen auch das Stockbrot von Seite 69 und der Joghurt-Limetten-Dip von Seite 71.

Steckerlschwein

MIT FENCHEL UND SÜSSHOLZ

12 x
auf Süßholzstangen, alternativ Spießchen aus Holz oder Metall, mittellang

FLEISCH
500 g Schweinefilet
4 EL Olivenöl
4 EL Orangensaft
1 TL Orangenabrieb
1 TL Rosmarin, fein gehackt
1 TL Fenchel-Anis-Kümmel-Tee (aus dem Teebeutel)
schwarzer Pfeffer

FENCHEL
500 g Fenchelknolle
Salz
1–2 EL Olivenöl

SPIEßCHEN MIT GESCHMACK!

1. Das Schweinefilet von Sehnen und Fett befreien und in 36 mundgerechte Stücke schneiden. Aus Olivenöl, Orangensaft, Orangenabrieb, Rosmarin und Tee (aus dem Beutel nehmen) eine Marinade anrühren. Mit Pfeffer abschmecken. Das Schweinefleisch in einen Gefrierbeutel geben und mit der Marinade übergießen. Den Beutel gut zuknoten und für 2–3 Stunden oder auch über Nacht in den Kühlschrank legen. Ab und zu leicht durchkneten, damit die Marinade gut einzieht.

2. Den Fenchel vom Strunk und Grün befreien und in 48 mundgerechte Stücke schneiden. Das Süßholz mit einem Messer anspitzen. Auf jeden Spieß abwechselnd jeweils 3 Schweinefleisch- und 4 Fenchelstücke stecken. Mit Salz würzen.

3. Eine Grillpfanne mit Olivenöl einfetten und die Spieße von beiden Seiten bei starker Hitze 1–2 Minuten scharf anbraten. Dann die Hitze reduzieren und die Spieße in 6–7 Minuten durchgaren. Dabei ab und zu wenden.

TIPP

Süßholz-Stangen (12 Stück wiegen ungefähr 100 Gramm) gibt es im Internet oder auf gut sortierten Wochenmärkten.

Beschwipste Chicks

TEQUILAHÄHNCHEN MIT LIMETTEN

12 x
aus Holz oder Metall, mittellang

FLEISCH

600 g Hähnchenbrustfilet
50 ml neutrales Pflanzenöl
Saft und Abrieb von 1 Limette
2 TL Rohrzucker
50 ml Tequila
½ TL rote Chilischote ohne Kerne, fein gehackt
½ TL Kreuzkümmelpulver
¼ TL frisch gemahlener schwarzer Pfeffer
½ TL Salz

LIMETTEN

2 Limetten
1–2 EL Rohrzucker

AUSSERDEM

1–2 EL neutrales Pflanzenöl
2 EL Korianderkraut, fein gehackt

HEIßE SPIEßERWARE!

1. Am Vortag das Hähnchenbrustfilet von Sehnen befreien und in 36 Würfel von 2–3 Zentimetern schneiden. Aus dem Öl, Limettensaft und -abrieb, Rohrzucker, Tequila, Chili, Kreuzkümmel und Pfeffer eine Marinade mischen.

2. Das Hähnchen in einen Gefrierbeutel geben, die Marinade dazugeben. Den Beutel gut zuknoten und über Nacht in den Kühlschrank legen. Ab und zu leicht durchkneten, damit die Marinade von allen Seiten gut einzieht.

3. Die beiden Limetten achteln. Das Hähnchen aus der Marinade nehmen und salzen. Auf jeden Spieß 1 Limettenachtel und 3 Hähnchenwürfel stecken. Die übrigen Limettenstücke anderweitig verwenden oder zusätzlich zu den gebratenen Spießchen reichen.

4. Eine Grillpfanne mit dem Öl einfetten. Etwas Rohrzucker auf die Limetten streuen und die Spieße von beiden Seiten insgesamt 7–8 Minuten bei starker Hitze garen. Dabei ab und zu wenden.

Zum Servieren mit frischem Koriander bestreuen.

TIPP

Die passende Beilage kann man auch gleich mit einbauen. Dazu auf die Spieße zusätzlich jeweils 3 Zuckermaisscheiben zwischen die Fleischstücke spießen.

Beefsticks

MIT WHISKYBUTTER

1. Am Vortag das Steakfleisch in 48 circa 2 Zentimeter große Würfel schneiden. Knoblauch mit Ingwer und Olivenöl zu einer Marinade verrühren. Mit Pfeffer abschmecken. Das Fleisch mit den Thymianzweigen in einen Gefrierbeutel geben und mit der Marinade übergießen. Den Beutel gut zuknoten und über Nacht in den Kühlschrank legen. Ab und zu leicht durchkneten, damit die Marinade von allen Seiten gut einzieht.

2. Für die Butter alle Zutaten in einem Blitzhacker oder von Hand gründlich vermengen. Mit Salz und Pfeffer abschmecken. Bis zum Servieren kalt stellen.

3. Das Steak aus der Marinade nehmen und trockentupfen. Jeweils 4 Stücke auf einen Spieß stecken, dann leicht salzen.

4. Eine Grillpfanne mit dem Olivenöl einfetten und die Spieße von beiden Seiten insgesamt 5–6 Minuten bei starker Hitze braten. Dabei ab und zu wenden. Das Fleisch ist dann medium gegart.

Vor dem Servieren etwas Butter auf die heißen Spieße geben.

12 x
aus Holz oder Metall, mittellang

FLEISCH
600 g Rindersteak
2–3 Knoblauchzehen, gehackt
1 TL frischer Ingwer, gerieben
30 ml Olivenöl
schwarzer Pfeffer
5–6 Thymianzweige
Salz

THYMIANBUTTER
70 g weiche Butter
1 TL Thymian, fein gehackt
1 EL Whisky
Salz und schwarzer Pfeffer

AUSSERDEM
etwas Olivenöl

SPIEßCHEN MIT SCHUSS!

TIPP

Die Butter lässt sich einfach variieren. Wer es etwas schärfer mag, kann Chiliflocken nach Geschmack dazugeben. Oder den Thymian in Marinade und Butter durch Rosmarin ersetzen.

Stockfisch de luxe

KABELJAU MIT VANILLE-TOMATEN-BUTTER

12 x
aus Holz oder Metall, mittellang

BUTTER
1 Vanilleschote
1 TL Tomatenmark
75 g weiche Butter
Salz und schwarzer Pfeffer

SPIESSZEUG
700 g Kabeljaufilet ohne Haut
2 TL Zitronensaft
Salz und schwarzer Pfeffer
18 kleine Dattel- oder
Kirschtomaten (ca. 300 g)

AUSSERDEM
1–2 EL Olivenöl

GUTE BUTTER BEI DIE FISCHE!

1. Für die Butter die Vanilleschote längs halbieren und mit einem Messer das Mark auskratzen. Mit dem Tomatenmark zur Butter geben und mithilfe einer Gabel alles gut vermengen. Mit Salz und Pfeffer abschmecken. Bis zum Servieren kalt stellen.

2. Den Kabeljau gegebenenfalls von Gräten befreien und in 36 mundgerechte Stücke schneiden. Mit Zitronensaft, Salz und Pfeffer würzen. Die Tomaten halbieren.

3. Auf jeden Spieß je 3 Fischstücke und 3 Tomatenhälften im Wechsel stecken.

4. Eine Grillpfanne mit dem Olivenöl einfetten und die Spieße von beiden Seiten insgesamt 5–6 Minuten bei starker Hitze garen. Dabei ab und zu wenden.

Vor dem Servieren die Butter auf die heißen Fischspieße geben.

TIPP

Anstatt des Kabeljaus kann man auch andere Fischsorten mit festem weißem Fleisch wie Seelachs verwenden. Auch Garnelen schmecken gut.

Souk-Spazierstick

HALLOUMI MIT CHERMOULA

12 x aus Holz oder Metall, mittellang

CHERMOULA

25 g Korianderkraut
15 g glatte Petersilie
3–4 Knoblauchzehen
75 ml Olivenöl
Abrieb und Saft von 1 Zitrone
½ TL edelsüßes Paprikapulver
½ TL geräuchertes Paprikapulver, scharfer Pimenton
¼ TL schwarzer Pfeffer
1 TL Kreuzkümmelpulver
½ TL Salz

SPIESSZEUG

500 g Halloumi (Grillkäse)
150 g rote Zwiebeln

URLAUB AUF DIE HAND!

1. Am Vortag für die Chermoula Koriander und Petersilie grob zerkleinern. Knoblauch schälen und halbieren. Kräuter und Knoblauch zusammen mit Olivenöl, Zitronenabrieb und -saft und allen Gewürzen in einen Blitzhacker geben und fein zerkleinern.

2. Den Halloumi in 48 gleich große Stücke schneiden und mit der Chermoula in einer Schüssel mit Deckel vermengen. Verschlossen über Nacht im Kühlschrank marinieren.

3. Die Zwiebeln quer halbieren, längs vierteln und dann in mundgerechte Segmente zerteilen. Pro Spieß 4 Halloumistücke abwechselnd mit den Zwiebelsegmenten aufstecken.

4. In einer Grillpfanne ohne zusätzliches Öl die Spieße von beiden Seiten insgesamt 2–3 Minuten bei starker Hitze garen. Dabei ab und zu wenden. Das Fett in der Marinade reicht zum Braten aus.

TIPP

Die Chermoula – eine typische arabische Marinade – passt auch sehr gut als frische, leichte Grillsauce zu Fleisch und Fisch oder natürlich zum Einlegen von Grillfleisch sowie Gemüse aller Art.

Ägyptisches Stockbrot

MIT DUKKAHDIP

1. Für den Brotteig die Hefe im lauwarmen Wasser auflösen und 2–3 Minuten ruhen lassen. Dann zusammen mit allen anderen Zutaten in eine Schüssel geben und von Hand zu einem geschmeidigen, glatten Teig verkneten. Abgedeckt an einem ruhigen, warmen Ort 1 Stunde gehen lassen.

2. Währenddessen für den Dip die Pinienkerne, Haselnüsse und Sesamsamen nacheinander in einer Pfanne ohne Fett anrösten. Dabei häufig umrühren, damit die Nüsse und Saaten nicht anbrennen und bitter werden. Die Pinienkerne und Haselnüsse anschließend fein hacken.

3. Die Koriander-, Kreuzkümmel- und Fenchelsamen gemeinsam ebenfalls in einer Pfanne ohne Fett anrösten, bis sie zu duften beginnen. Die gerösteten Gewürze anschließend zusammen mit den Pfefferkörnern in einen Mörser geben und fein zermahlen.

4. Die gerösteten Nüsse und zerstoßenen Gewürze mit Chili, Schwarzkümmel und Salz mischen. Erst kurz vor dem Servieren mit dem Olivenöl verrühren.

5. Den Teig nochmals kurz durchkneten, dann in 12 gleich große Stücke aufteilen. An jedem Stock 1 Teigportion festdrücken: Das Stockbrot sollte etwa 12 Zentimeter lang und 0,5 Zentimeter dick sein.

6. Die Brote ohne Fett auf die Grillpfanne oder den Grill legen und bei niedriger Hitze von jeder Seite 10–12 Minuten backen. Zum Schluss die Temperatur erhöhen, damit das Brot Grillstreifen bekommt.

Das Stockbrot mit dem Dip servieren.

12 x
Baumstöckchen ohne Rinde oder Holzspieße mit ca. 0,5 cm Ø, mittellang

BROTTEIG

4 gestr. TL Trockenhefe
180 ml lauwarmes Wasser
2 TL Olivenöl
300 g Mehl
½ TL Zucker
½ TL Salz

DIP

25 g Pinienkerne
25 g Haselnüsse
1 EL weiße Sesamsamen
1 TL Koriandersamen
2 TL Kreuzkümmelsamen
1 TL Fenchelsamen
1 TL Pfefferkörner
¼ TL Chiliflocken
1 TL Schwarzkümmelsamen
¼ TL Salz
7 EL Olivenöl

BROTZEIT AUS DER PFANNE!

Blumenkohl on fire

MIT CHIPOTLE UND JOGHURT-LIMETTEN-DIP

1. Den Blumenkohl mundgerecht zu circa 48–60 Röschen portionieren. 5 Minuten in kochendem Salzwasser garen und anschließend mit kaltem Wasser abschrecken. Gut abtropfen lassen.

2. Öl, Knoblauch und Gewürze zu einer Marinade mischen. Den Blumenkohl mit der Marinade in einen Gefrierbeutel geben. Den Beutel gut zuknoten und für 2–3 Stunden in den Kühlschrank legen. Ab und zu leicht durchkneten, damit die Marinade von allen Seiten gut einzieht.

3. Für den Dip alle Zutaten miteinander vermischen. Mit Salz und Pfeffer abschmecken.

4. Auf jeden Spieß 4–5 Blumenkohlröschen stecken. Eine Grillpfanne mit dem Olivenöl einfetten und die Spieße von beiden Seiten insgesamt 6–7 Minuten bei starker Hitze garen. Dabei ab und zu wenden.

Die fertig gegrillten Blumenkohlspieße mit frischem Koriander bestreuen. Zusammen mit dem Dip servieren.

12 x
aus Holz oder Metall, mittellang

BLUMENKOHL

800 g Blumenkohlröschen (weiß und/oder violett)
100 ml Olivenöl
1 Knoblauchzehe, gerieben
1 TL Chipotlepulver
1 TL Korianderpulver
1 TL frischer Ingwer, gerieben
¼ TL Salz
¼ TL schwarzer Pfeffer

DIP

5 EL Joghurt (3,5 % Fett)
2 EL Mayonnaise
1 Prise Zucker
1 TL Limettensaft
Abrieb von ½ Limette
Salz und schwarzer Pfeffer

AUSSERDEM

1–2 EL Olivenöl zum Braten
1 EL Korianderkraut, fein gehackt

DEFTIGES VEGGIESPIESSCHEN!

TIPP

Die Spießchen schmecken auch hervorragend mit Zucchini, Broccoli, Paprika oder Kürbis. Man kann auch verschiedene Gemüsesorten miteinander kombinieren.

Grillen

Der Sommer riecht nach Holzkohle – denn wenn sich die Sonne am Himmel zeigt, erwacht der Griller aus seinem Winterschlaf. Bei einem richtigen Barbecue gehören Schaschlik und Co. einfach dazu. Man kann die Spieße nach Herzenslust mit Fleisch, Fisch oder Gemüse bestücken und für jeden ist das Passende dabei. Auch auf der Grillpfanne lassen sich Spieße wunderbar zubereiten. Schließlich spielt das Wetter nicht immer mit, wenn man in Brutzellaune ist. Die Spieße in diesem Kapitel werden in der Grillpfanne zubereitet – so kommen Stickfans das ganze Jahr über auf ihre Kosten. Natürlich lassen sich alle Rezepte auch über Holzkohle oder auf dem Elektrogrill zubereiten. Die Garzeiten können in diesem Fall etwas variieren.

Übrigens muss es nicht immer Salat als Beilage sein. Gemüsespieße sind eine tolle Alternative und man hat auch gleich Grillgut für vegetarische Gäste parat. Grillbar sind beispielsweise auch die Rote-Bete-Kaki-Spieße, die Vitelotten-Spießchen mit Gorgonzola und Salbei oder die Melonen-Pecorino-Spieße aus den anderen Kapiteln.

TIPP

Mit einem elektrischen Tischgrill, der für den Innengebrauch geeignet ist, kann man eine tolle Spießchen-Indoor-Grillparty mit Freunden veranstalten. Spaß und Genuss sind garantiert!

DESSERT-SPIESSCHEN VOM GRILL

Spießchenfans können sich auch ihre Desserts auf dem Rost oder in der Grillpfanne zaubern. Dafür einfach einige mundgerecht geschnittene Obststücke mit Honig, Zitronen- oder Limettensaft und Zimt würzen und auf einen Spieß stecken. Für einen besonderen Kick sorgen ein paar Spritzer Whisky, Wodka oder Orangenlikör in der Marinade. Dann von allen Seiten grillen, bis das Obst leicht gebräunt und karamellisiert ist. Wer mag, kann die fruchtigen Sticks mit etwas gehackter Zitronenmelisse oder Minze bestreuen. Auch Basilikum, Thymian oder Rosmarin schmecken toll dazu.

Für die Dessertspieße sollte das Obst nicht zu weich und reif sein. Ich empfehle Ananas, Melone, Pfirsiche, Mangos, Aprikosen, Birnen oder Äpfel.

DER PERFEKTE GRILLSPIESS

Grillspieße lassen sich toll vorbereiten und sind vielseitig. Allerdings sollte man einige Punkte beachten, damit beim Grillgenuss nichts schiefgeht: Das Grillgut immer mittig aufstecken, damit es nicht vom Spieß fällt. Zwischen den einzelnen Fleischstücken sollte immer etwas Abstand sein, damit sie gleichmäßig durchgaren. Besonders bei Geflügelfleisch ist das wichtig. Die Stücke auf dem Spieß sollten aus dem gleichen Grund immer ähnlich groß sein.

Achtung: Werden Metallspieße verwendet, die Spieße nicht mit den Fingern wenden, denn hierbei droht Verbrennungsgefahr. Sicherer ist es mit einer Grillzange. An Metallspießen kann man sich außerdem leicht verletzen, wenn man nicht aufpasst.

Handliche Mischpilze

MIT KRÄUTERN UND BIER-KÄSE-DIP

12 x
aus Holz oder Metall, mittellang

DIP

200 g Cheddar
50 g saure Sahne
2–3 Spritzer Worcestersauce
1 TL süß-pikanter Senf
1 Knoblauchzehe, grob gehackt
2 Msp. edelsüßes Paprikapulver
1 Spritzer Zitronensaft
1 TL Honig
70 ml Pils
Salz und schwarzer Pfeffer

PILZE

500 g gemischte Pilze, z. B. Kräuterseitlinge, Champignons, Austernpilze, Shiitake
5 EL Olivenöl
1 EL Zitronensaft
1 TL grober Dijonsenf
2 TL Rosmarin, fein gehackt
2 TL Thymian, fein gehackt
¼ TL Chiliflocken

ORDENTLICH AUFGESPIEßT!

1. Den Käse in kleine Würfel schneiden. Mit allen weiteren Zutaten bis auf das Bier in einen Blitzhacker geben und fein zerkleinern. Dann nach und nach das Pils hinzugeben und die Mischung zu einer cremigen Masse mixen. Wenn der Dip zu dickflüssig ist, noch etwas Bier hinzugeben. Mit Salz und Pfeffer abschmecken.

2. Die Pilze trocken putzen, nicht mit Wasser waschen. Dann in mundgerechte Stücke schneiden oder ganz lassen, wenn sie klein genug sind. Bunt gemischt auf die Spieße stecken.

3. Olivenöl, Zitronensaft, Senf, Kräuter und die Chiliflocken zu einer Marinade mischen und die Pilze damit gleichmäßig einpinseln.

4. Die Spieße in einer Grillpfanne von beiden Seiten insgesamt 3–4 Minuten bei starker Hitze garen. Dabei ab und zu wenden.

Die Spießchen mit dem Dip servieren.

TIPP

Werden die Pilze mit Wasser gewaschen, saugen sie sich voll und schmecken matschig. Starke Verschmutzungen mit einem Bürstchen oder einem feuchten Tuch abreiben.

Des Kaisers neue Spieße

MIT HOISINLACHS, NASHI-BIRNE UND SHIITAKE

1. Für die Marinade alle Zutaten in einen kleinen Topf geben, gut verrühren und aufkochen lassen. Bei mittlerer Hitze 2–3 Minuten köcheln lassen. Dann vom Herd nehmen und abkühlen lassen.

2. Den Lachs gegebenenfalls von Gräten und Tran befreien und in 24 Stücke schneiden. In die abgekühlte Marinade geben und vorsichtig umrühren. Den eingelegten Lachs für mindestens 1, maximal 3 Stunden in den Kühlschrank stellen.

3. Die Nashi-Birne entkernen und in 24 Würfel schneiden. Die Pilze trocken putzen, nicht nass waschen! Pro Spieß jeweils 2 Stück Lachs, 2 Birnenwürfel und 2 Pilze abwechselnd aufstecken.

4. Eine Grillpfanne mit dem Öl einfetten und die Spieße von beiden Seiten bei starker Hitze 1–2 Minuten scharf anbraten. Dann die Temperatur reduzieren und die Spieße 5–6 Minuten weitergaren. Dabei ab und zu wenden.

12 x
aus Holz oder Metall, mittellang

MARINADE

50 ml Sojasauce
25 ml Wasser
2 EL Reisessig
1 Knoblauchzehe, gerieben
4 EL brauner Zucker
1 EL Honig
1 TL Fünf-Gewürz-Pulver (Asialaden)
¼ TL Ingwerpulver
1 TL fermentierte Sojabohnenpaste oder Miso (Asialaden)

SPIESSZEUG

500 g Lachsfilet ohne Haut
1 Nashi-Birne (ca. 300 g)
24 Shiitakepilze (ca. 100 g)

AUSSERDEM

1–2 EL neutrales Pflanzenöl

SPIEßCHEN VON WELT!

TIPP

Wer keine Nashi-Birnen bekommt – nashi bedeutet übrigens einfach Birne –, kann auch normale Birnen verwenden. Neben Lachs eignet sich auch Kabeljau oder Rotbarsch für die Spieße.

Jerksticks

GARNELEN MIT OKRA UND MANIOK

1. Am Vortag für die Würzpaste Nelken, Wacholder und Piment in einem Mörser fein zermahlen. Die Thymianblätter vom holzigen Stiel zupfen. Dann mit allen weiteren Zutaten in einem Blitzhacker zu einer sehr feinen, homogenen Masse zerkleinern.

2. Die Garnelen in einem Gefrierbeutel mit der Paste vermischen und den Beutel gut zuknoten. Die Garnelen über Nacht im Kühlschrank marinieren. Ab und zu leicht durchkneten, damit die Marinade von allen Seiten gut einzieht.

3. Den Maniok schälen und in 24 mundgerechte Stücke schneiden. In einen Topf mit kaltem, leicht gesalzenem Wasser aufsetzen und circa 20 Minuten garen. Dann abgießen und kurz ausdampfen lassen.

4. Inzwischen die Okraschoten putzen und in 24 mundgerechte Stücke schneiden.

5. Pro Spieß jeweils 1 Garnelen, 1 Maniokstück und 1 Okraschote aufspießen. Eine Grillpfanne mit dem Olivenöl einfetten und die Spieße von beiden Seiten insgesamt 8–10 Minuten bei mittlerer Hitze garen. Dabei ab und zu wenden.

24 x
aus Holz oder Metall, mittellang

WÜRZPASTE

jeweils 5 Nelken, Wacholderbeeren und Pimentkörner
½ Bund frischer Thymian (ca. 10 g)
1 kleine rote Zwiebel, grob gewürfelt
5 Knoblauchzehen, halbiert
2 TL frischer Ingwer, gerieben
Saft und Abrieb von 1 Limette
50 ml Wasser
40 ml Pflanzenöl
2 EL brauner Rum
1 EL Tomatenmark
2 TL Rohrzucker
¼ TL Salz
1 TL Zimt
1 TL Korianderpulver
½ TL schwarzer Pfeffer, gemahlen
¼ TL Muskatnussabrieb
½ TL Chipotlepulver
1 TL edelsüßes Paprikapulver
½ TL Kreuzkümmelpulver

SPIESSZEUG

24 Garnelen mit Schale (ca. 400 g, ohne Darm und Kopf)
350 g Maniok
150 g Okraschoten

AUSSERDEM

1–2 EL Olivenöl

SPIEßCHEN VON WELT!

TIPP

Anstatt Maniok passen auch Süßkartoffeln. Diese ebenfalls vor dem Grillen bissfest kochen. Als Dip passt zu diesem Rezept auch die Kaffee-Chili-Sauce von Seite 51.

KAPITEL #04

PARTYFOOD mit Sti(e)l

Genussvoll vom Buffet auf die Hand

Auberginenhäppchen

MIT BOHNEN-ZITRONEN-CREME

36 x
aus Holz, Kunststoff oder Metall, mittellang

AUBERGINEN
700 g große Auberginen
4 EL Olivenöl
Salz und schwarzer Pfeffer

FÜLLUNG
1 kleine Dose weiße Bohnen (ca. 240 g Abtropfgewicht)
2 EL Doppelrahmfrischkäse
Abrieb von 1 Zitrone
1 TL Zitronensaft
1 TL Thymian, fein gehackt
1 Msp. Cayennepfeffer
1 Msp. Zimt
Salz und schwarzer Pfeffer

UTENSILIEN
Backblech mit Backpapier

VEGGIESPIEßCHEN!

1. Den Backofengrill auf 200 °C vorheizen. Die Auberginen vom Strunk befreien und längs in 18 etwa 0,5 Zentimeter dicke Scheiben schneiden. Die Scheiben anschließend längs halbieren, sodass 36 Streifen von 4–5 Zentimetern Breite entstehen.

2. Ein Backblech mit Backpapier auslegen und mit 1 Esslöffel Olivenöl ausstreichen. Die Auberginenscheiben auf beiden Seiten mit dem restlichen Öl einpinseln und mit Salz und Pfeffer würzen. Die Auberginen auf dem Backblech verteilen – um alle Stücke zu garen, werden 2 Grillvorgänge benötigt – und für 10 Minuten auf der obersten Schiene im Backofen grillen. Vor dem Füllen mindestens lauwarm abkühlen lassen.

3. Die Bohnen abgießen, gründlich abspülen und gut abtropfen lassen. In einer Schüssel mit einer Gabel fein zerdrücken, anschließend mit allen weiteren Zutaten vermengen. Mit Salz und Pfeffer abschmecken.

4. Jede Auberginenscheibe mit etwas Bohnencreme bestreichen und anschließend der Länge nach aufrollen. Mit einem Holzspieß feststecken.

TIPP

Das Rezept funktioniert auch mit jungen, mittelgroßen Zucchini. Diese der Länge nach in Scheiben schneiden und die Scheiben dann quer halbieren.

Süßsaure Kürbissticks

MIT SESAM UND SCHWARZKÜMMEL

12 x
aus Holz, Kunststoff oder Metall, mittellang

KÜRBIS

1 kg Hokkaidokürbis (ungeputzt)
200 g brauner Zucker
400 ml Wasser
300 ml Weißweinessig
1 TL Salz
2 EL geröstete weiße Sesamsamen
1 EL Schwarzkümmelsamen

AUSSERDEM

1 Bund Korianderkraut

EINFACH SCHNELL AUFGESPIEßT!

1. Den Kürbis vom Strunk befreien, entkernen und in 48 etwa 2–3 Zentimeter große Würfel schneiden.

2. Den Zucker in einen Topf geben und bei mittlerer Hitze leicht karamellisieren lassen. Mit Wasser und Essig ablöschen und so lange leicht köcheln lassen, bis sich das Karamell aufgelöst hat. Nun salzen und den Kürbis in den Sud geben. Alles einmal aufkochen und 3 Minuten köcheln lassen.

3. Nachdem der Kürbis etwas geköchelt hat, den Herd ausstellen und den Kürbis in weiteren 5 Minuten gar ziehen lassen. Er soll durch, aber nicht zu weich sein, damit die Würfel gut auf den Spießchen halten.

4. Sesam und Schwarzkümmel mischen. Die Kürbiswürfel abgießen und in der Saatenmischung wälzen. Die Korianderblätter von den Stielen zupfen.

5. Jeweils 4 Kürbiswürfel pro Spieß mit jeweils 1–2 Korianderblättern dazwischen aufstecken.

TIPP

Das Rezept funktioniert auch mit anderen Speisekürbissorten. Diese müssen aber geschält werden, denn nur beim Hokkaido wird die Schale durch Kochen weich.

Griffiger Melonensalat

MIT PECORINO UND ERDBEERDIP

1. Die Erdbeeren vom Strunk befreien. Mit allen weiteren Zutaten in einen Blitzhacker geben und fein zerkleinern. Mit Salz und Pfeffer abschmecken.

2. Die Melone schälen, entkernen und in 36 mundgerechte, circa 3 Zentimeter große Würfel schneiden. Den Pecorino und das Brot in 24 gleich große Stücke schneiden.

3. Eine Grillpfanne erhitzen und darin ohne Fett zuerst die Brotwürfel von allen Seiten rösten, bis sie knusprig geworden sind. Anschließend die Melonenwürfel bei starker Hitze von jeder Seite etwa 1 Minute grillen, bis Grillstreifen entstanden sind.

4. Auf jeden Spieß 3 Melonenwürfel, 2 Käsestücke, 2 Brotstücke und 2 Minzblätter abwechselnd aufstecken.

Die Spießchen zusammen mit dem Dip servieren.

TIPP

Die Spieße schmecken auch mit anderen Melonensorten, wie Honig- oder Cantaloupemelone.

12 x

aus Holz, Kunststoff oder Metall, mittellang

DIP

250 g frische Erdbeeren
3 EL frisch gepresster Orangensaft
1 EL Olivenöl
1 TL Erdbeeressig (ersatzweise Apfelessig)
1 TL Honig
¼–½ TL frische Chilischote ohne Kerne, gehackt
½ TL Orangenabrieb
Salz und schwarzer Pfeffer

SPIESSZEUG

1 Galiamelone (ca. 1200 g)
175 g junger Pecorino
250 g Ciabatta
24 Pfefferminzblätter

SPIEßIGE FRÜCHTCHEN MIT PEP!

Corn Dogs Italian style

MIT TOMATEN-GRAPPA-DIP

1. Für den Dip das Öl von den getrockneten Tomaten in einem Topf erhitzen und die Zwiebeln darin für 1–2 Minuten glasig andünsten. Den Knoblauch dazugeben und 1 Minute mit dünsten. Dann das Tomatenmark kurz mit anrösten, anschließend mit Grappa ablöschen.

2. Die Hitze reduzieren, die getrockneten Tomaten, die Dosentomaten, den Rosmarin und den Zucker mit in den Topf geben und alles für 15 Minuten köcheln lassen. Anschließend vom Herd nehmen und mit einem Stabmixer fein pürieren. Schmeckt warm und kalt.

3. Für die Corn Dogs in einem Topf die 500 Milliliter Wasser mit dem Salz aufkochen. Die Polenta einrieseln und quellen lassen. Lauwarm abkühlen lassen.

4. In einer Pfanne das Olivenöl erhitzen und die Würste in etwa 15 Minuten rundum knusprig braun anbraten. Auf Küchenpapier abtropfen und mindestens lauwarm abkühlen lassen.

5. Jeweils 1 Wurst längs auf einen Holzspieß stecken und mit etwa 2 Esslöffeln Polenta ummanteln. Gut festdrücken und aufpassen, dass der Polentamantel keine Löcher oder Risse hat. Das geht am besten mit nassen Händen wie beim Knödeldrehen.

6. In einem mittelgroßen Topf das Pflanzenöl erhitzen, es sollte mindestens 10 Zentimeter hoch stehen. Es ist heiß genug zum Frittieren, wenn sich an einem hineingetauchten Holzstäbchen Bläschen bilden. Die Corn Dogs portionsweise für 2–3 Minuten knusprig braun frittieren, dann auf Küchenpapier abtropfen lassen. Immer nur ein paar Corn Dogs auf einmal frittieren, da das Öl sonst zu viel Hitze verliert.

Die Corn Dogs zusammen mit dem Dip servieren.

12 x
aus Holz, lang

DIP

1 EL Öl von den getrockneten Tomaten
1 kleine Zwiebel, gewürfelt
1 Knoblauchzehe, in Scheiben
1 EL Tomatenmark
50 ml Grappa
50 g getrocknete Tomaten in Öl, gehackt
1 Dose gehackte Tomaten (ca. 400 g)
1 TL Rosmarin, fein gehackt
½ TL Zucker

CORN DOGS

500 ml Wasser
2 Prisen Salz
500 g Instant-Polenta (Maisgrieß)
1 EL Olivenöl
12 kleine Salsiccias (ca. 800 g)
1 Liter Pflanzenöl zum Frittieren

RICHTIG SPIEßIGES STREETFOOD!

TIPP

Größere Würste einfach halbieren. Schmeckt übrigens auch mit kleinen Bratwürstchen oder Chorizos zum Braten. Wer es vegetarisch mag, kann auch dicke Grillkäsestücke nehmen.

Miniburger am Spieß

MIT RINDFLEISCH, GRUYÈRE UND FEIGEN

16 x
aus Holz, Kunststoff oder Metall, mittellang

SPIESSZEUG
4 XL-Burgerbrötchen (ca. 300 g)
60 g Gruyère am Stück
3 Feigen
2 EL Schmand oder Mayonnaise
¼ TL Honig
1 TL grober Dijonsenf
32 junge Spinatblätter

PATTYS
300 g Rinderhackfleisch
1 Eigelb
1 TL Senf
½ TL edelsüßes Paprikapulver
2 Msp. Cayennepfeffer
Salz und schwarzer Pfeffer
1 EL Pflanzenöl zum Anbraten

UTENSILIEN
Ausstecher oder Glas mit ca. 5 cm Ø

SPIEẞIGER MINI

1. Die Burgerbrötchen quer halbieren, toasten und mit einem Ausstecher aus jeder Hälfte je 4 kleinere Brötchen mit circa 5 Zentimetern Durchmesser ausstechen. Die Reste von 1 Brötchen im Blitzhacker zerkleinern. Den Käse und die Feigen in jeweils 16 Scheiben schneiden.

2. Für die Burgersauce Schmand oder Mayonnaise mit Honig und Senf vermischen. Diese vor dem Zusammensetzen auf die Brötchenböden streichen.

3. Für die Pattys das Hackfleisch mit allen Zutaten sowie den Brötchenbröseln vermengen und mit Salz und Pfeffer abschmecken. 16 kleine Pattys mit 5 Zentimeter Durchmesser formen. In einer Pfanne das Pflanzenöl erhitzen und die Pattys von einer Seite scharf anbraten. Dann die Hitze reduzieren und in 5–6 Minuten unter Wenden durchgaren.

4. Für die Spieße zuerst 1 obere Brötchenhälfte, dann 1 Stück Käse, 1 Feigenscheibe, 1 Patty und 2 Spinatblätter aufstecken. Zuletzt 1 untere Brötchenhälfte aufspießen, die mit etwas Sauce bestrichen ist.

TIPP

Als Belag schmecken auch karamellisierte Äpfel mit Blauschimmelkäse oder sautierter Fenchel mit Schafskäse.

Göttliche Betespießchen

MIT INGWER-HONIG-DIP

20 x
aus Holz, Kunststoff oder Metall, mittellang

GEMÜSE
700 g frische Rote Bete, notfalls vorgekochte vakuumierte
600 g Kaki, nicht zu reif
3 EL Olivenöl
2 EL Apfelessig
2 TL flüssiger Honig
Abrieb und Saft von 1 Orange
2 TL Thymian, fein gehackt
3 Msp. Zimt
Salz und schwarzer Pfeffer

DIP
200 g Schmand oder Crème fraîche
2 TL flüssiger Blütenhonig
½ TL frischer Ingwer, gerieben
Salz und schwarzer Pfeffer

UTENSILIEN
kleiner Motivausstecher (ca. 2 × 2 cm)

VEGGIESPIEßCHEN!

1. Die Rote Bete 45 Minuten in Salzwasser garen. Abkühlen lassen, schälen und den Strunk abschneiden. Die Kaki ebenfalls schälen und den Stiel entfernen. Beides in 1 Zentimeter dicke Scheiben schneiden. Mit dem Ausstecher jeweils 60 Stücke aus der Kaki und der Roten Bete ausstechen.

2. Inzwischen für den Dip alle Zutaten miteinander verrühren. Mit Salz und Pfeffer abschmecken und bis zur Verwendung kühlen.

3. In einer Schüssel mit Deckel Olivenöl, Apfelessig, Honig, Orangenabrieb und -saft, Thymian und Zimt zu einer Marinade mischen. Mit Salz und Pfeffer abschmecken. Die Kaki- und Rote-Bete-Stücke in cie Marinade geben und 2 Stunden im Kühlschrank marinieren lassen.

4. Kaki und Rote Bete aus der Marinade nehmen und etwas abtropfen lassen. Auf jeden Spieß abwechselnd jeweils 3 Stücke Rote Bete und Kaki stecken.

Die Spießchen mit dem Dip servieren.

TIPP

Die fruchtig-herbe Kaki ist auch als Götterfrucht bekannt. Man kann ersatzweise auch Sharon-Früchte verwenden. Wer mag, kann auch den Joghurt-Limetten-Dip von Seite 71 dazu reichen oder die Spieße mit gehackten Walnüssen oder geröstetem Sesam bestreuen.

Grüne Tomaten mit Stiel

IM KOKOS-PANKO-MANTEL MIT CHILISAUCE

1. Für die Chilisauce Zucker, Essig, Wasser und Salz in einen Topf geben und bei mittlerer Hitze köcheln lassen, bis sich der Zucker aufgelöst hat. Dann die Chilischote und den Knoblauch hinzugeben. 1–2 Minuten bei geringer Hitze ziehen lassen. Lauwarm abkühlen lassen, anschließend im Blitzhacker oder mit dem Stabmixer fein pürieren.

2. Die Tomaten vom Strunk befreien und in 36 mundgerechte Stücke schneiden. Mit Salz und Pfeffer würzen.

3. In einer Schüssel die Eier verquirlen. In einer weiteren Schüssel das Panko-Paniermehl mit den Kokosflocken vermischen. Das Mehl auf einen kleinen Teller geben. Die Tomaten zuerst im Mehl wälzen und gut abklopfen. Dann in das Ei tauchen, gut abtropfen lassen und anschließend in der Kokos-Panko-Mischung wälzen.

4. In einem Topf das Pflanzenöl erhitzen, es sollte mindestens 4 Zentimeter hoch stehen. Es ist heiß genug zum Frittieren, wenn sich an einem hineingetauchten Holzstäbchen Bläschen bilden. Die Tomaten portionsweise für 1–2 Minuten knusprig-braun frittieren, dann auf Küchenpapier abtropfen lassen. Immer nur ein paar Tomaten auf einmal frittieren, da sonst das Öl zu viel Hitze verliert.

5. Auf jeden Spieß 3 Tomatenstücke hintereinander aufstecken.

Mit dem Dip servieren.

12 x
aus Holz, Kunststoff oder Metall, mittellang

DIP

150 g Zucker
90 ml Reisessig
50 ml Wasser
1 TL Salz
1 frische Chilischote
7 Knoblauchzehen, grob gehackt

TOMATEN

700 g grüne Tomaten
Salz und schwarzer Pfeffer
2 Eier
50 g Panko-Paniermehl
50 g Kokosflocken
50 g Mehl
750 ml Pflanzenöl zum Frittieren

KROSSES VEGGIESPIEßCHEN!

TIPP

Für das Rezept nur essbare grüne Tomaten (Sorte) verwenden, da unreife Tomaten giftig sind. Es eignet sich zum Beispiel die Sorte Green Zebra. Alternativ kann man auch feste rote Tomaten verwenden.

It's Partytime!

Egal ob groß oder klein, laut oder leise, elegant oder leger – bei einer Party darf es neben netten Leuten, Musik und Getränken nicht an Leckereien mangeln. Als Gastgeber sollte man sich deshalb dabei nicht nur Gedanken darüber machen, was man serviert, sondern vor allem über das Wie.

Fingerfood-Spieße sind das ideale Partyfood, denn Teller und Besteck können bei einer richtig guten Fete ruhig im Schrank bleiben. Zum Tanzen und Abfeiern braucht man schließlich freie Hände. Und nicht zu vergessen: Mit Spießchen hat man auch als Gastgeber mehr von der Party. Denn das Thema Abwasch hat sich so gut wie erledigt und man hat mehr Zeit zum Plaudern mit Freunden. Außerdem lassen sie sich toll vorbereiten und sehen immer appetitlich aus. Die Zeiten eines unansehnlich abgegessenen Buffets sind mit Spießchen endgültig vorbei. Sticks sind eben ein Rundum-sorglos-Paket für jede Fete. Übrigens: Spießchen machen sich auch als Party-Mitbringsel gut – sie lassen sich unkompliziert verpacken und gehen unterwegs nicht kaputt. Und ein buntes Spießchenbouquet als Gastgeschenk ist eine willkommene Abwechslung zum klassischen Blumenstrauß.

TIPP: Spießchen sind super für Kinderpartys geeignet, da nichts kleckert und Kinder gerne mit den Fingern essen. Vorsicht bei zu spitzen Spießen wegen der Verletzungsgefahr!

HOCH DIE TASSEN!

Auf einer Party sind die Drinks mindestens genauso wichtig wie das Essen. Ausreichend Getränke und lieber zu viel als zu wenig besorgen. Alles rechtzeitig in den Kühlschrank stellen – am besten einen Tag vorher. Insbesondere an heißen Tagen sind ausreichend Eiswürfel wichtig. Fertige Eiswürfel gibt es an der Tankstelle oder in Supermärkten. Für antialkoholische Alternativen sorgen und neben Wasser auch an Säfte und Softdrinks denken. Getränkespender aus Glas mit ein paar Zitrusfruchtscheiben, frischen Kräutern, Gurke, Ingwer oder Zimstangen sehen toll aus. Nicht vergessen, auch Kaffee bereit zu halten, damit niemand schlappmacht. Alkohol zum Mixen wie Whisky, Wodka oder Gin, aber auch Wein und Sekt immer in guter Qualität kaufen – das hält den Kater am nächsten Tag in Grenzen.

DIPS

Dips und Spieße – das passt zusammen wie Topf und Deckel. Auf einer Party macht es sich daher immer gut, ein paar leckere Saucen für die Sticks bereit zu halten. Die Dips sollten abwechslungsreich sein und gut zu den angebotenen Spießchen passen. Neben Klassikern, wie Remoulade, Guacamole, Pesto, Hummus oder Aioli, sorgen trendy Dips, wie Chimichurri, Salsas, Chutneys, Chermoula, Relishes oder Sambals, für Abwechslung. Am besten platziert man die Dips direkt neben den passenden Spießen, damit der Gast weiß, was gut zusammen schmeckt. In diesem Kochbuch finden sich einige Dip- und Saucenrezepte, die natürlich nicht nur zum jeweiligen Rezept passen, sondern sich auch zu anderen Spießchen kombinieren lassen. Alle Dips im Überblick stehen auf Seite 125.

Falafelsticks

MIT HARISSAZUCCHINI

12 x
aus Holz, Kunststoff oder Metall, lang

FALAFEL

300 g getrocknete Kichererbsen
1 kleine Zwiebel (ca. 50 g), grob gewürfelt
3–4 Knoblauchzehen, halbiert
2 TL Zitronensaft
2 Msp. Zimt
1 TL edelsüßes Paprikapulver
1 gestrichener TL Salz
¼ TL schwarzer Pfeffer
2 TL Kreuzkümmelpulver
1 EL glatte Petersilie, fein gehackt
1 EL Pfefferminze, fein gehackt
Salz und schwarzer Pfeffer
ca. 750 ml Pflanzenöl zum Frittieren

ZUCCHINI

400 g Zucchini
2 TL Harissa-Gewürzmischung (gibt es im türkischen Supermarkt)
2 EL Olivenöl + 1 EL zum Anbraten
1 TL Zitronensaft
Salz

1. Die Kichererbsen 12 Stunden in Wasser einweichen. Dann abgießen und zusammen mit der Zwiebel und dem Knoblauch in einem Blitzhacker portionsweise fein zerkleinern.

2. Die Kichererbsenmasse in eine Schüssel geben und mit Zitronensaft, Gewürzen und Kräutern vermengen. Mit Salz und Pfeffer abschmecken. Aus der Falafelmasse 36 etwa walnussgroße Bällchen formen.

3. In einem mittelgroßen Topf das Pflanzenöl erhitzen, es sollte mindestens 4 Zentimeter hoch stehen. Es ist heiß genug zum Frittieren, wenn sich an einem hineingetauchten Holzstäbchen Bläschen bilden. Die Falafel portionsweise knusprig braun frittieren, dann auf Küchenpapier abtropfen lassen. Immer nur ein paar Falafel auf einmal frittieren, da sonst das Öl zu viel Hitze verliert.

4. Die Zucchini entkernen, vierteln und in 36 Stücke schneiden. Dann mit dem Harissapulver, 2 Esslöffeln Olivenöl und Zitronensaft vermischen. 10 Minuten ziehen lassen. Leicht salzen.

5. In einer Pfanne das restliche Olivenöl erhitzen und die Zucchini darin 2–3 Minuten scharf anbraten. Dabei immer wieder wenden.

6. Auf jeden Spieß jeweils 3 Falafelbällchen und 3 Zucchinistücke abwechselnd aufstecken.

TIPP

Dazu passt der Joghurt-Limetten-Dip von Seite 71 oder der Kokos-Koriander-Joghurt von Seite 42.

Falsche Austern am Stiel

PILZE MIT DATTELN UND BACON

12 x – aus Holz oder Metall, kurz

SPIESSZEUG

100 g Austernpilze
12 Datteln (ca. 100 g)
12 dünne Scheiben Frühstücksspeck (ca. 120 g)
1 EL Olivenöl
1 Rosmarinzweig
schwarzer Pfeffer

WÜRZIGE PILZE TO GO!

1. Die Austernpilze putzen und in 12 mundgerechte Stücke schneiden. Jeweils 1 Pilzstück und 1 Dattel mit 1 Scheibe Speck umwickeln und mit einem Zahnstocher oder Metallspießchen feststecken.

2. Das Olivenöl in einer Pfanne erhitzen, den Rosmarinzweig hinzugeben und die Spieße für 6–7 Minuten bei mittlerer Hitze von allen Seiten knusprig braun anbraten. Mit Pfeffer abschmecken. Nicht salzen, da der Speck schon würzig genug ist.

TIPP

Als Alternative zu den Datteln kann man auch getrocknete Aprikosen verwenden.

Vitelottenspießchen

MIT GORGONZOLA UND SALBEI

1. Die Vitelotten etwa 15 Minuten in Salzwasser garen. Dann das Wasser abgießen und die Kartoffeln ausdampfen lassen. Die Kartoffeln quer in 3 Stücke schneiden.

2. Den Käse in 24 Stücke schneiden. Die Kartoffeln in etwas Olivenöl anbraten.

3. Auf jeden Spieß eine dreigeteilte Kartoffel mit 2 Käsewürfeln, 1 Salbeiblatt und 1 Schinkenstück zwischen den Segmenten stecken.

12 x
aus Holz, Kunststoff oder Metall, mittellang

SPIESSZEUG

12 längliche, mittelgroße Vitelotten (ca. 600 g)
150 g Gorgonzola oder anderen nicht zu harten Blauschimmelkäse
1 EL Olivenöl
12 dünne Scheiben Parmaschinken (ca. 80 g)
12 kleine Salbeiblätter

SCHMECKT AUCH KALT!

TIPP

Die Spieße schmecken auch mit anderen Kartoffeln, beispielsweise Bamberger Hörnchen. Sie sollten festkochend und länglich geformt sein. Wer es vegetarisch mag, lässt den Schinken einfach weg.

Himmel & Erde-Sticks

MIT APFEL UND BLUTWURST

12 x
aus Holz, Kunststoff oder Metall, kurz

SPIESSZEUG

12 Drillingskartoffeln (ca. 500 g)
400 g Blutwurst
1 säuerlicher Apfel (ca. 150 g)
2 EL Mehl
1 EL Butterschmalz
2 TL brauner Zucker
1 Msp. Zimt
12 kleine lange, biegsame Majoranzweige
Salz und schwarzer Pfeffer

HANDLICHER KLASSIKER!

1. Die Kartoffeln in Salzwasser garen. Das Wasser abgießen, die Kartoffeln ausdampfen lassen und dann ungeschält quer halbieren. Die Blutwurst in 24 etwa 0,5–1 Zentimeter dicke Scheiben schneiden. Den Apfel entkernen und in 24 Spalten schneiden.

2. Die Blutwurstscheiben von beiden Seiten in Mehl wälzen. In einer großen Pfanne das Butterschmalz erhitzen. Die Blutwurst und die Kartoffeln gemeinsam in einer Pfanne in 3–4 Minuten rundum knusprig braun braten. Aus der Pfanne nehmen und beiseitestellen.

3. Die Apfelspalten im Wurstbratfett von beiden Seiten etwa 1 Minute anbraten. Dann den Zucker darüberstreuen und für etwa 1 Minute karamellisieren lassen. Anschließend den Zimt hinzugeben und umrühren.

4. Auf jeden Spieß 2 Kartoffelhälften, 2 Blutwurststücke und 2 Apfelspalten im Wechsel stecken.

Zum Servieren die Majoranzweige dekorativ um die Spießchen wickeln. Auch geröstete Zwiebelringe passen gut dazu.

TIPP

Man kann die Spieße in der Pfanne noch mal kurz erwärmen, dabei vorsichtig wenden. Schmeckt aber auch kalt oder lauwarm.

Spießige Schweinerei

VOM SATTELSCHWEIN MIT SENFKAVIAR

12 x
aus Holz, Kunststoff oder Metall, mittellang

RELISH
25 g dunkle Senfkörner
50 ml Apfelessig
400 g Salatgurke
1 TL Honig
1 EL Dill, fein gehackt
Salz und schwarzer Pfeffer

BULETTCHEN
500 g Schweineschulter vom Sattelschwein
1 Ei
5 EL Semmelbrösel
1 TL grober Dijonsenf
1 TL Thymian, fein gehackt
½ TL Zitronenabrieb
½ TL edelsüßes Paprikapulver
2 Msp. Cayennepfeffer
Salz und schwarzer Pfeffer
1 EL Butterschmalz

STECKRÜBEN
400 g Steckrüben
2 EL Olivenöl
100 ml Apfelsaft
2–3 Zweige Thymian
1 TL Honig
Salz und schwarzer Pfeffer

SOLIDE LUXUSSPIEßE!

1. Für das Relish die Senfkörner 3 Tage lang in einem Schraubglas im Apfelessig ziehen lassen.

2. Am Tag des Verzehrs die Salatgurken längs halbieren und die Kerne mit einem Löffel herauskratzen. Die Gurkenstücke anschließend grob raspeln und in einem Sieb möglichst viel Flüssigkeit ausdrücken. Die Gurkenraspel mit Honig, Dill und 2 Teelöffeln eingelegten Senfkörnern vermischen. Mit Salz und Pfeffer abschmecken.

3. Für die Bulettchen das Schweinefleisch durch die mittlere Scheibe des Fleischwolfs drehen oder vom Metzger durchdrehen lassen. Das Hackfleisch mit Ei, Semmelbröseln, Dijonsenf, Thymian, Zitronenabrieb, Paprikapulver und Cayennepfeffer in eine Schüssel geben und gut mit den Händen vermengen. Mit Salz und Pfeffer abschmecken.

4. 24 kleine Bulettchen formen. In einer Pfanne das Butterschmalz erhitzen und die Buletten darin von einer Seite scharf anbraten. Dann die Hitze reduzieren und in 5–6 Minuten unter mehrfachem Wenden durchgaren.

5. Nebenbei die Steckrüben schälen und in 36 etwa 2 Zentimeter große Würfel schneiden. Das Olivenöl in einer Pfanne erhitzen und die Steckrübenwürfel darin 3–4 Minuten leicht braun anbraten. Mit Apfelsaft ablöschen, Thymian und Honig hinzugeben. 5–6 Minuten bei mittlerer Hitze bissfest garen. Mit Salz und Pfeffer abschmecken.

6. Auf jeden Spieß 3 Steckrübenwürfel und 2 Buletten im Wechsel aufstecken.

Zusammen mit dem Relish servieren.

Spießerschnitzel

MIT JOGHURT-ZITRONEN-DIP

12 x
aus Holz, Kunststoff oder Metall, mittellang

SCHNITZEL
300 g Schweine- oder Kalbsschnitzel
½ TL edelsüßes Paprikapulver
Salz und schwarzer Pfeffer
1 Ei
2 EL Mehl
5–6 EL Semmelbrösel
3–4 EL Butterschmalz
12 Sardellenröllchen mit Kapern aus dem Glas

DIP
5 EL Joghurt (3,5 % Fett)
2 EL Schmand oder Crème fraîche
1 Prise Zucker
1 TL Zitronensaft
Abrieb von ½ Zitrone
1 EL Dill oder glatte Petersilie, fein gehackt
Salz und schwarzer Pfeffer

UTENSILIEN
Frischhaltefolie

KLASSIKER TO GO!

1. Die Schnitzel in 12 gleich große Stücke schneiden, dann zwischen Frischhaltefolie etwa 0,5 Zentimeter dünn klopfen. Mit Paprika, Salz und Pfeffer würzen.

2. Die Eier in einer kleinen Schüssel verquirlen. Mehl und Semmelbrösel separat auf kleine Teller geben. Die Schnitzel zuerst in Mehl wälzen, abklopfen, in das Ei tauchen und gut abtropfen lassen. Zuletzt in den Semmelbröseln wälzen.

3. In einer Pfanne das Butterschmalz erhitzen und die Schnitzel portionsweise von beiden Seiten jeweils 2–3 Minuten knusprig braun anbraten. Bei Bedarf noch etwas mehr Fett in die Pfanne geben. Die fertigen Schnitzel auf Küchenpapier abtropfen lassen.

4. Für den Dip alle Zutaten miteinander verrühren. Mit Salz und Pfeffer abschmecken.

5. Die Schnitzel hochkant mit einem Sardellenröllchen aufspießen.

Zusammen mit dem Dip servieren.

TIPP

Für Münchner Minischnitzel die Fleischstücke auf einer Seite mit etwas Meerrettich, auf der anderen Seite mit etwas süßem Senf bestreichen.

Mozzarellasticks

MIT NEKTARINEN UND MINZÖL

1. Für das Minzöl alle Zutaten in einen Blitzhacker geben und fein zerkleinern.

2. Die Nektarinen entkernen und in 24 mundgerechte Spalten schneiden. Auf jeden Spieß 3 Mozarellakugeln und 2 Nektarinenspalten im Wechsel stecken.

Mit etwas Minzöl beträufelt servieren.

TIPP

Anstatt der Nektarinen kann man auch Pfirsiche oder Tomatenspalten verwenden. Auch das Öl lässt sich mit verschiedenen frischen Kräutern nach Geschmack variieren.

12 x
aus Holz, Kunststoff oder Metall, mittellang

MINZÖL

20 g frische Pfefferminzblätter
100 ml Olivenöl
Abrieb von ½ Zitrone
1 TL Zitronensaft
1 Prise Zucker

SPIESSZEUG

3–4 Nektarinen (ca. 400 g)
36 Mini-Mozzarella-Kugeln (ca. 300 g)

ERFRISCHEND SPIEßIG!

Thunfischpoke to go

MIT AVOCADO UND MANGO

16 x
aus Holz, Kunststoff oder Metall, mittellang

SPIESSZEUG

2 kleine Mangos, nicht zu reif
500 g Thunfischfilet (Sushi-Qualität)
8 TL leichte Sojasauce
3 TL Sesamöl
4 TL Sake (Reiswein)
1 TL Limettenabrieb
1 TL frischer Ingwer, gerieben
2 EL geröstete weiße Sesamsamen
2 mittelgroße Avocados
1 Bund Korianderkraut
3 EL Sesamsamen

SPIEßIGER TREND!

1. Die Mangos schälen und vom Kern befreien. Die Mango und den Thunfisch in je 16 etwa 2–3 Zentimeter große Würfel schneiden. Die Mangoreste eignen sich für Fruchtsalate oder Smoothies.

2. In einer Schüssel Sojasauce, Sesamöl, Sake, Limettenabrieb, Ingwer und die Sesamsamen zu einer Marinade mischen. Die Mango und den Thunfisch hineingeben und gut vermengen. 30 Minuten ziehen lassen.

3. Inzwischen die Avocado schälen, vom Kern befreien und in 16 Spalten schneiden. Die Korianderblätter von den Stielen zupfen. Den Fisch und die Mangowürfel in Sesam wälzen.

4. Auf jeden Spieß je 1 Stück Mango, Avocado und Thunfisch stecken. Dazwischen ab und zu ein Korianderblatt aufspießen.

TIPP

Anstatt Tunfisch kann man auch Lachs oder anderen Fisch in Sushiqualität aufspießen.

KAPITEL #05

GRIFFIGE Naschware

Kalorien to go für spießige Sweet Tables und süße Buffets

Handliche Wodkafeigen

MIT MASCARPONECREME

16 x

auf Zimt- bzw. Süßholzstangen oder Holzspießchen, mittellang bis kurz

FEIGEN

150 g Filoteig
3 EL Butter
4 frische Feigen
20 ml Vanillewodka

CREME

250 g Mascarpone
3 EL Milch
1 TL Zitronensaft
Abrieb von ½ Zitrone
2 EL Zucker
Mark von ½ Vanilleschote

AUSSERDEM

3 EL Puderzucker
½ TL gemahlene Vanille

UTENSILIEN

Backblech mit Backpapier

SPIEßCHEN MIT SCHUSS!

1. Den Backofen auf 180 °C Umluft vorheizen. Die Zimt- oder Süßholzstangen zuschneiden und mit einem Messer anspitzen. Diese oder alternativ Holzspießchen einige Minuten in Wasser einlegen.

2. Den Filoteig in 16 Streifen von circa 5 × 40 Zentimeter schneiden. Die Butter in einem Topf schmelzen. Die Feigen vierteln und mit etwas Vanillewodka beträufeln.

3. Die Filostreifen mit flüssiger Butter bestreichen. In jedes Teigstück 1 Feigenviertel wickeln. Mit einem gewässerten (Süß-)Holzspieß feststecken.

4. Die Feigenspieße auf ein Backblech mit Backpapier legen und 15–20 Minuten knusprig braun backen.

5. Für die Mascarponecreme alle Zutaten gut verrühren.

6. Puderzucker und gemahlene Vanille mischen. Die Feigenpäckchen damit bestäuben.

Zusammen mit der Mascarponecreme servieren.

TIPP

Vanillewodka lässt sich einfach selbst herstellen: Dafür 500 Milliliter Wodka mit einer aufgeschnittenen Vanilleschote für 2 Wochen in einer Flasche ziehen lassen. Alle 1–2 Tage gut durchschütteln.

Banoffee-Sticks

CRÊPES MIT BANANEN UND KARAMELL

12 x
aus Holz, Kunststoff oder Metall, lang

CRÊPES
25 g Butter
200 g Mehl
2 Prisen Salz
2 Eier
400 ml Milch
4 TL Orangenlikör, z. B. Grand Marnier
2 EL neutrales Pflanzenöl

FÜLLUNG
4 reife kleine Bananen (mit Schale ca. 500 g)
200 g Doppelrahmfrischkäse
4 TL Zucker
½ TL Zimt

SAUCE
50 g Zucker
100 ml Sahne

AUSSERDEM
2–3 reife Bananen
2–3 EL geröstete und gehackte Nüsse oder Schokostreusel

SOULFOOD MIT STI(E)L!

1. Für die Crêpes die Butter schmelzen und leicht abkühlen lassen. Dann das Mehl mit Salz, Eiern, Milch und dem Likör mit einem Handmixer verquirlen. Zum Schluss die geschmolzene Butter unterrühren. Den Teig 10 Minuten quellen lassen.

2. Inzwischen für die Füllung die Bananen schälen, mit einer Gabel zerdrücken und mit Frischkäse, Zucker und Zimt vermischen.

3. Für die Karamellsauce den Zucker in einem Topf schmelzen und etwa 2–3 Minuten goldbraun karamellisieren lassen. Dann die Sahne hinzugeben und bei geringer Hitze unter Rühren so lange köcheln lassen, bis sich eine gatte Sauce gebildet hat.

4. Zum Braten der Crêpes eine Pfanne mit ein wenig Öl auspinseln und erhitzen. Pro Crêpe 1 Schöpfkelle Teig in die Pfanne geben und durch Schwenken möglichst dünn verteilen. Von jeder Seite etwa 1–2 Minuten bei mittlerer Hitze leicht goldbraun braten. Nacheinander 12 Crêpes herstellen, dabei zwischendurch die Pfanne immer wieder mit Öl einpinseln. Abkühlen lassen.

5. Die Crêpes gleichmäßig mit der Bananencreme bestreichen und anschließend eng aufrollen. Jede Crêperolle in 4 etwa 2,5 Zentimeter lange Stücke schneiden, sodass 48 kleine Schnecken entstehen. Die Bananen in 36 Scheiben schneiden.

6. Auf jeden Spieß 4 Crêperöllchen und 3 Bananenscheiben im Wechsel stecken.

Zum Servieren mit etwas Karamellsauce beträufeln und nach Geschmack mit Nüssen oder Schokostreuseln bestreuen.

Churrospießchen

MIT ORANGEN-SCHOKO-DIP

12 x
aus Holz, Kunststoff oder Metall, mittellang

SAUCE
100 g Zartbitterschokolade (50 % Kakaoanteil)
1 TL Orangenabrieb
200 ml Sahne
2 TL Orangenlikör

CHURROS
150 g Mehl
½ TL Backpulver
250 ml Wasser
1 EL Butter
1 EL Zucker
1 Prise Salz
1 Ei
3 EL Zucker
1 TL Zimt
750 ml Pflanzenöl zum Frittieren

UTENSILIEN
Spritzbeutel mit Sterntülle 15–20 mm Ø

HANDLICHES NASCHWERK!

1. Für die Sauce die Schokolade hacken und mit dem Orangenabrieb und der Sahne in einen kleinen Topf geben. Alles bei niedriger Hitze erwärmen und rühren, bis eine gleichmäßige Sauce entstanden ist. Zum Schluss den Orangenlikör untermischen. Warm stellen.

2. Für die Churros wird ein Brandteig zubereitet: Dazu das Mehl mit dem Backpulver mischen und sieben. Wasser, Butter, 1 Esslöffel Zucker und Salz in einem Topf zum Kochen bringen. Dann die Hitze reduzieren und das Mehl unterrühren. Mit einem Kochlöffel so lange schlagen und abrösten, bis ein Teigkloß entstanden ist. Das dauert etwa 3 Minuten.

3. Den Teig anschließend in eine Schüssel füllen und etwa 4–5 Minuten rühren, um ihn etwas abzukühlen. Dann das Ei unterschlagen, bis ein gleichmäßiger Teig entstanden ist.

4. Den Teig in den Spritzbeutel füllen. Die 3 Esslöffel Zucker mit dem Zimt in einer Schüssel mischen.

5. In einem mittelgroßen Topf das Pflanzenöl erhitzen, es sollte mindestens 4 Zentimeter hoch stehen. Es ist heiß genug zum Frittieren, wenn sich an einem hineingetauchten Holzstäbchen Bläschen bilden. Für die Churros jeweils etwa 4 Zentimeter Teig aus dem Spritzbeutel direkt ins Fett drücken und für etwa 4–5 Minuten knusprig braun frittieren. Dann auf Küchenpapier abtropfen lassen. Insgesamt werden 36 Churros benötigt. Immer nur ein paar Churros auf einmal frittieren, da sonst das Öl zu viel Hitze verliert.

6. Die fertigen Churros kurz auf Küchenpapier abtropfen lassen, dann in Zimtzucker wälzen. Immer 3 Stück gemeinsam aufspießen.

Mit der Schokosauce servieren.

Popcorn-Pops

MIT MARSHMALLOWS UND SCHOKOLADE

1. 1 Esslöffel Öl mit dem Mais in einen großen Topf geben, einen Deckel aufsetzen und erhitzen. Dann abwarten, bis alle Maiskörner aufgepoppt sind. Das Popcorn vom Herd nehmen und in einer großen Schüssel oder auf einem Tablett ausgebreitet abkühlen lassen. Die nicht aufgepoppten Körner aussortieren. 120 g Popcorn abwiegen.

2. Die Marshmallows mit der Butter in einen Topf geben – große Marshmallows zuvor etwas klein schneiden – und bei niedriger Hitze langsam schmelzen lassen. Den Herd abstellen, das Popcorn dazugeben und alles gut vermischen. Die Mischung lauwarm abkühlen lassen.

3. Inzwischen die Form mit Backpapier auslegen und mit dem restlichen Öl auspinseln. Die lauwarme Popcornmasse in die Form geben und mit den Händen oder dem Boden eines Glases fest zusammendrücken. Abkühlen lassen.

4. Die abgekühlte Popcornmasse in 20 gleich große Würfel schneiden. Auf jeden Spieß 1 Würfel stecken. Die Schokolade im Wasserbad schmelzen und mithilfe eines Teelöffels dekorativ auf die Popcornspieße träufeln.

20 x
aus Holz, Kunststoff oder Metall, mittellang

SPIESSZEUG

2 EL neutrales Pflanzenöl
etwa 150 g Popcornmais (120 g Popcorn)
150 g Mini-Marshmallows, alternativ große
1 TL Butter
60 g Zartbitterschokolade (50 % Kakaoanteil)

UTENSILIEN

eckige Form ca. 25 × 20 cm, Backpapier

SPIEßIGES SEELENFUTTER!

TIPP

Ein toller Partysnack nicht nur für Kinder. Noch bunter wird es, wenn man farbige Zuckerstreusel oder Schokolinsen unter die Popcornmasse mischt.

Spießige Birne Helene

STILECHT AUF BROWNIES

12 x
aus Holz, Kunststoff oder Metall, mittellang

BIRNEN

6 Baby-Birnen (700 g)
250 ml Weißwein
200 ml Wasser
50 g Zucker
10 grüne Kardamomkapseln
Mark von 1 Vanilleschote oder
1 TL Vanilleextrakt

BROWNIE

100 g Butter
125 g Zucker
100 g Mehl
1 gestrichener TL Backpulver
75 g Kakaopulver + etwas zum Servieren
1 TL Instant-Kaffeepulver
2 Eier
1 TL Vanilleextrakt
1 Prise Salz
100 g Zartbitterschokolade (50 % Kakaoanteil), klein gehackt

SCHOKOLADENSAUCE

100 g Zartbitterschokolade (50 % Kakaoanteil), klein gehackt
70 ml Milch

UTENSILIEN

Backform ca. 20 × 20 cm, mit Backpapier ausgelegt

1. Die Birnen schälen, den Blütenrest am unteren Ende abschneiden, den Stiel aber dranlassen. Anschließend halbieren. Wein, Wasser, Zucker, Kardamom und Vanille in einem Topf mischen und aufkochen. Sobald sich der Zucker gelöst hat, die Hitze reduzieren, die Birnen in den Sud geben und bei mittlerer Hitze 20 Minuten leicht köcheln lassen. Im Topf abkühlen lassen.

2. Für die Brownies in einem Topf die Butter schmelzen und den Zucker darin auflösen. Lauwarm abkühlen lassen. Den Ofen auf 180 °C Umluft vorheizen. Die Form mit Backpapier auslegen. Mehl, Backpulver, Kakao- und Kaffeepulver mischen.

3. Mit einem Handmixer Eier, Vanilleextrakt und Salz gut verrühren. Dann die Buttermischung und anschließend die Mehlmischung unterziehen. Zum Schluss die gehackte Schokolade unterheben.

4. Den Teig in die vorbereitete Form geben und glatt streichen. Auf der mittleren Schiene für 25–30 Minuten backen. In der Form abkühlen lassen, dann in 12 gleich große Stücke schneiden.

5. Für die Sauce die Schokolade mit der Milch in einem kleinen Topf bei niedriger Hitze unter Rühren vorsichtig schmelzen, bis eine glatte, glänzende Mischung entstanden ist.

6. Für die Spieße die Birnen gut abtropfen lassen und jeweils 1 Birne auf 1 Browniestück stecken. Vor dem Servieren mit etwas Schokoladensauce beträufeln und mit Kakaopulver bestäuben.

TIPP

Anstatt der Babybirnen kann man auch normale Birnen verwenden. Diese einfach entkernen und achteln. Die Garzeit verkürzt sich dann um einige Minuten.

Popoversticks

MIT MARINIERTEN PFIRSICHEN

24 x
aus Holz, Kunststoff oder Metall, mittellang

PFIRSICHE
6 mittelgroße Pfirsiche (ca. 1 kg)
2 TL Honig
2 TL Zitronensaft
1 TL Rosmarin, fein gehackt
wahlweise 2–3 TL Vanillelikör oder -extrakt

POPOVERS
1 EL neutrales Pflanzenöl
3 zimmerwarme Eier
300 ml zimmerwarme Vollmilch (3,5 % Fett)
180 g Mehl
1 Prise Salz
2–3 EL Puderzucker

UTENSILIEN
Minimuffin-Form mit 24 Mulden

SPIEßIGES SOULFOOD!

1. Die Pfirsiche entkernen und achteln. In einer Schüssel mit Deckel mit Honig, Zitronensaft, Rosmarin und Vanillelikör oder -extrakt mischen und für etwa 1 Stunde im Kühlschrank marinieren.

2. Den Ofen auf 200 °C Ober-/Unterhitze vorheizen. Die Muffinform dünn mit Öl einfetten. Mit einem Schneebesen Eier und Milch für etwa 1 Minute schaumig aufschlagen. Dann nach und nach das Mehl und die Prise Salz unterschlagen, bis ein gleichmäßiger Teig ohne Klümpchen entstanden ist.

3. Den Teig in die Mulden der Muffinform füllen und für 15 Minuten auf mittlerer Schiene backen. Die Hitze dann auf 180 °C reduzieren und die Popovers 10–15 Minuten weiterbacken, bis sie leicht gebräunt sind. Stürzen und etwas abkühlen lassen.

4. Die Popovers mit Puderzucker bestäuben und jeweils 1 Stück mit 2 Pfirsichschnitzen auf einen Spieß stecken.

TIPP

Popovers – die amerikanische Version des Yorkshirepuddings – gehen besser auf, wenn man sie von Hand aufschlägt. Mit einem Mixer werden sie nicht so fluffig.

Sticky fingers ade

Sweet dreams are made of sticks, denn süße Köstlichkeiten schmecken am Spieß gleich noch mal so gut. Ob für eine Sweet Table, eine Cocktailparty, Kindergeburtstage, Picknicks oder zum krönenden Abschluss eines Dinners – süße Spießchen machen immer was her und sind außerdem noch wahnsinnig praktisch. Man braucht kein Besteck und keine Teller und die Finger bleiben von klebrigem Zucker und Schokolade verschont.

Ich habe ja immer das Problem, dass ich mich bei Süßem schwer entscheiden kann. Nehme ich jetzt den Käsekuchen, die Crêpes oder etwas Fruchtiges? Am liebsten würde ich alles auf einmal essen, aber das ist selbst bei meinem gesegneten Appetit nicht möglich. Mit Sticks ist das kein Problem mehr, weil man sich wie im Schlaraffenland kunterbunt durchprobieren kann. Die kleinen Portionen auf den Spießchen machen es möglich und so verpassen Naschkatzen keine der süßen Schlemmereien. Da muss man sich dann nur noch für die Reihenfolge entscheiden – genau das richtige für echte Dessert-Gourmets!

TIPP

Süße Spieße aus Minimuffins, Donuts, kleinen Kuchenstücken mit Schokoguss, Marshmallows, Waffeln, Obst und Co. sind schnell gemacht. Einfach kreativ werden und bunt drauflos spießen!

SPIESSCHENFONDUE FÜR SCHOKOHOLIKER

Bei diesem Rezept bin ich etwas neidisch auf die Spießchen, denn sie dürfen beim Schokofondue in Schokolade baden. Dafür einfach Sahne in einen Topf geben und darin grob gehackte weiße oder dunkle Schokolade bei niedriger Hitze schmelzen. Dabei gut umrühren. Pro Person rechnet man je 100 g Schokolade und 70 g Sahne. Wer mag, kann das Fondue noch mit Whisky, Amaretto, Rum oder 1 Prise Zimt verfeinern. Als Tunkspießchen empfehle ich die Quarkbällchen (S. 119), Churros (S. 110), Bannoffe-Sticks (S. 108), Wodkafeigen (S. 107), Müslibällchen (S. 20), Popoversticks (S. 114) und French-Toast-Brochettes (S. 16). Und für eine Extraportion Vitamine einfach ein paar Spieße mit Erdbeeren, Ananas, Banane, Apfel und Birne dazu reichen.

ZEIGT HER EURE SPIESSE

Liebevoll dekorierte Sweet Tables liegen voll im Trend – Spießchen eignen sich dafür hervorragend. Man braucht aber kein Dekoexperte sein oder sich in Unkosten stürzen, um die süßen Sticks angemessen in Szene zu setzen. Hier ein paar Ideen: eine Melone halbieren, umgedreht auf einen Teller legen und Spieße in die Schale stecken. Einen Styroporblock oder Schukarton mit schönem Papier bekleben oder anmalen und kleine Löcher für die Spieße hineinstechen. Ein schönes Küchensieb umdrehen und die Spieße in die Löcher stecken. In eine Baumstammscheibe dünne Löcher bohren und mit Sticks bestücken. Aus fester Pappe Kegel drehen und Spieße an den Seiten hineinstecken. Toll auf dem Sweet Table macht sich auch Vintagegeschirr, wie Teller, Schälchen oder Tortenplatten vom Flohmarkt.

Sweet 'n' spicy sticks

ANANAS MIT CHILISALZ UND CO.

12 x
aus Holz, Kunststoff oder Metall, mittellang

DIP 1
3 TL grobes Meersalz
½ TL Chilipulver

DIP 2
50 g Zucker
½ TL Ingwerpulver

DIP 3
50 g Zucker
10 Pfefferminzblätter

SPIESSZEUG
1 Ananas
(ca. 750 g Fruchtfleisch)

EINFACH SCHNELL AUFGESPIEßT!

1. Für die Dipvariante 1 das Meersalz zusammen mit dem Chilipulver in einem Mörser fein zerstoßen.

2. Für die Dipvariante 2 Zucker und Ingwerpulver gut miteinander mischen.

3. Für die Dipvariante 3 Zucker und Pfefferminze im Blitzhacker fein zerkleinern.

4. Die Ananas schälen, den Strunk entfernen. Das Fruchtfleisch in mundgerechte Stücke schneiden und immer ein paar Stücke auf einen Spieß stecken.

Das Chilisalz oder den aromatisierten Zucker dazu servieren.

TIPP

Ein klassischer Streetfood-Snack aus Asien, der dort auch gerne mit Pomelos gegessen wird. Am besten serviert man verschiedene Fruchtspieße ganz nach Geschmack zusammen mit den 3 Dipvarianten.

Quarkbällchen to go

MIT ERDBEEREN UND ANISZUCKER

1. Ei, Zucker, Vanillezucker und Salz mit dem Handmixer in 1–2 Minuten schaumig aufschlagen. Dann den Quark unterrühren. Das Mehl mit dem Backpulver vermischen und ebenfalls unterrühren. Den Teig 15 Minuten quellen lassen.

2. Den Zucker in einer Schüssel mit dem Anis vermischen.

3. In einem mittelgroßen Topf das Pflanzenöl erhitzen, es sollte mindestens 4 Zentimeter hoch stehen. Es ist heiß genug zum Frittieren, wenn sich an einem hineingetauchten Holzstäbchen Bläschen bilden. Für jedes Quarkbällchen mithilfe von 2 Teelöffeln eine teelöffelgroße Portion abstechen, in das Fett gleiten lassen und für etwa 4–5 Minuten goldbraun frittieren. Insgesamt werden 36 Quarkbällchen benötigt. Immer nur ein paar Bällchen auf einmal frittieren, da sonst das Öl zu viel Hitze verliert.

4. Die fertigen Bällchen kurz auf Küchenpapier abtropfen lassen und dann in Aniszucker wälzen.

5. Die Erdbeeren putzen und halbieren. Auf jedes Spießchen jeweils 3 Quarkbällchen und 3 halbe Erdbeeren im Wechsel stecken.

12 x
aus Holz, Kunststoff oder Metall, mittellang

TEIG
1 Ei
100 g Zucker
1 Päckchen Vanillezucker
1 Prise Salz
200 g Magerquark (0,3 % Fett)
200 g Mehl
½ TL Backpulver

ANISZUCKER
4 EL Zucker
1 TL Anispulver

AUSSERDEM
750 ml Pflanzenöl zum Frittieren
18 mittelgroße Erdbeeren

SPIEßIGER KLASSIKER!

TIPP

Wenn die Quarkbällchen außen schon braun sind, aber der Teig innen noch klebrig, ist das Öl zu heiß. Dann einfach die Hitze reduzieren, damit die Bällchen langsamer garen.

Karamelläpfel am Spieß

MIT SALZIGEN CASHEWNÜSSEN

1. Die Äpfel an der Stielseite auf jeweils ein Stöckchen stecken. Die Nüsse grob hacken.

2. In einem kleinen Topf – am besten nur knapp größer als die Äpfel – die Karamellbonbons mit der Sahne bei mittlerer Hitze ganz langsam und vorsichtig schmelzen. Dabei immer wieder umrühren.

3. Die Äpfel bis zur Hälfte in das Karamell tauchen und gut abtropfen lassen. Die Schicht darf nicht zu dick sein. Sofort mit den Nüssen bestreuen und diese mit der Rückseite eines Esslöffels etwas andrücken. Vorsicht, das Karamell ist sehr heiß. Auf Backpapier setzen und trocknen lassen.

TIPP

Wer es nicht so gerne salzig mag, verwendet einfach ungesalzene Nusssorten. Farbenfroh wird es mit bunten Zuckerperlen. Auch Schokostreusel schmecken lecker und sehen toll aus.

6 X
angespitzte Stöckchen oder mittellange Holzspieße ca. 5 mm Ø

ÄPFEL
6 kleine Äpfel (ca. 750 g)
100 g gesalzene und geröstete Cashewkerne
200 g harte Sahnekaramell-Bonbons
2 EL Sahne

UTENSILIEN
Backpapier

SEELENFUTTER AUF DIE HAND!

Berry-Ice-Pops

MIT CASSIS UND ZITRONENVERBENE

12 x
Eisstiele oder Holz-Pommesgabeln

EIS

500 g gefrorene Waldbeeren (z. B. Brombeeren, Himbeeren, Heidelbeeren)
500 g Joghurt (3,5 % Fett)
60 ml Cassislikör
50 g Zucker
1 Päckchen Vanillezucker
2–3 EL Zitronenverbene, fein gehackt

AUSSERDEM

optional etwas geschmolzene dunkle oder weiße Kuvertüre

UTENSILIEN

12 Eisformen oder Trink-Papierkegel

EIS AM STIEL DE LUXE!

1. Alle Zutaten bis auf die Zitronenverbene mischen und fein pürieren. Die Zitronenverbene von Hand mit einem Spatel oder Löffel unterrühren.

2. Die Fruchtmasse in die Eisformen gießen und in den Gefrierschrank stellen. Nach 2 Stunden die Stiele in das Eis stecken und anschließend mindestens weitere 3–4 Stunden durchfrieren lassen.

3. Zum Servieren aus den Formen lösen. Optional für eine Dip-Dye-Optik in weiße und/oder dunkle Kuvertüre tunken und nochmals kurz in das Gefrierfach geben, damit die Schokolade fest wird.

TIPP

Wer keinen Alkohol verwenden möchte, kann diesen durch Fruchtsaft, beispielsweise Trauben- oder Apfelsaft, ersetzen. Alternativ zur Zitronenverbene kann man auch Zitronenmelisse verwenden.

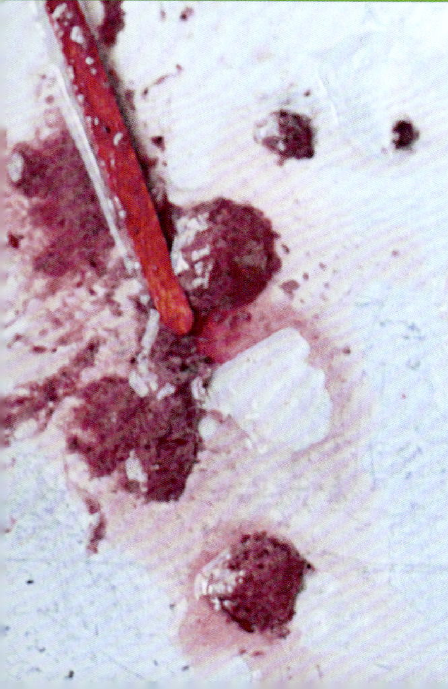

Alle Spießchen AUF EINEN BLICK

FLEISCHIGE SPIESSCHEN

SPIESSCHEN MIT FISCH

VEGETARISCHE SPIESSCHEN

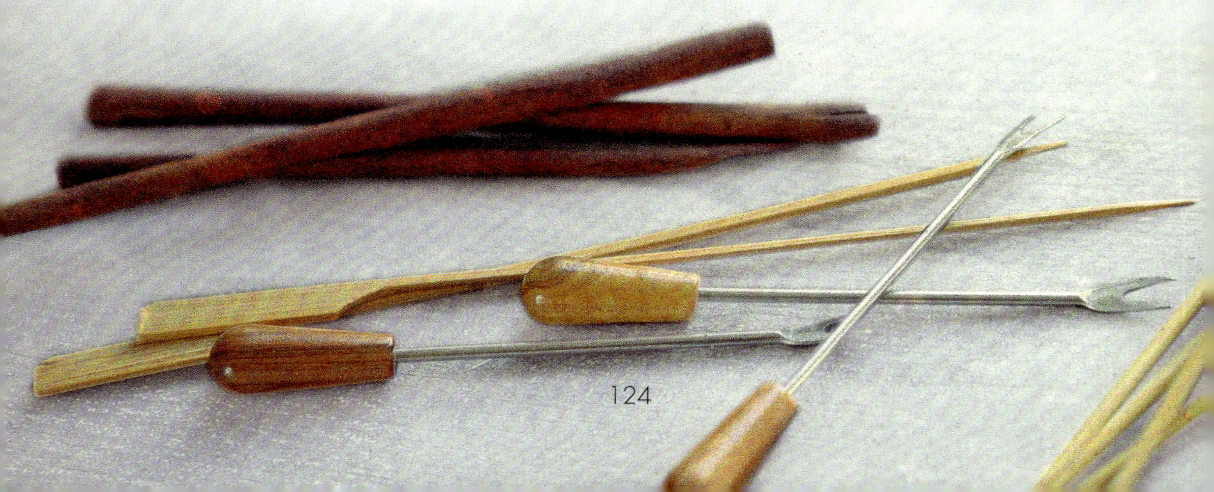

SÜSSE SPIESSCHEN

SAUCEN, DIPS UND WÜRZE FÜR SPIESSER

deftig

süß

ÜBER DIE AUTORIN

Henriette Wulff ist Kochbuch-Autorin, Rezeptentwicklerin, Food-Entertainerin und geprüfte Ernährungsberaterin. Sie tritt in TV- und Radio-Sendungen auf und ist in Zeitschriften sowie Internet präsent. Den Kochlöffel schwingt sie bereits seit ihrer Kindheit. Heute kann sie sich nichts Schöneres mehr vorstellen, als am Herd zu stehen und Menschen mit ihrer Freude am Kochen anzustecken. Inspiriert wird die gebürtige Berlinerin auf ihren vielen Reisen. Henriette Wulffs Rezepte sind unkompliziert, kreativ und gelingen auch weniger geübten Köchen. Mehr unter: www.henriettewulff.de

DANK

Ich möchte mich bei meinem Ehemann für seine tatkräftige Unterstützung in allen Situationen bedanken! Danke, dass du noch mal schnell in den Supermarkt gehst, wenn eine Zutat fehlt. Danke, dass du so ein unerschrockener Testesser bist und immer eine ehrliche Meinung abgibst. Danke, dass du mein Küchenchaos erträgst. Danke, dass es dich gibt!

Mein Dank gilt auch meiner Mutter (die beste Mama und Köchin auf der Welt), die mir das Kochen beigebracht und meine Leidenschaft für den Genuss entfacht hat. Vielen Dank an meine allerliebste Tante – dafür, dass du immer für mich da bist und ich auf dich zählen kann! Vielen Dank auch an meine Freunde, Familie und Bekannte und Nach-,barn fürs fleißige Testessen und die Anregungen. Zu guter Letzt ein dickes Danke an meine Leserinnen und Leser – für euer Feedback, euren Support und euren Appetit auf meine Bücher!

ÜBER DEN FOTOGRAFEN

Oliver Brachat fotografiert mit viel Herzblut und Liebe zum Detail. Als ausgebildeter Koch war er jahrelang in der Spitzengastronomie tätig, erst in Deutschland, dann in den USA. Dort kaufte er sich eine gebrauchte Leica, mit der er von da an alles begeistert festhielt, was ihm vor die Linse kam.

Zurück in Deutschland arbeitete er zunächst im renommierten Food-Fotostudio Christian Teubner, ehe er sich als Foodstylist selbständig machte. Seitdem fotografiert er mit sehr großem Erfolg für deutsche und internationale Foto-Agenturen, Food-Magazine und Kochbuchverlage. Schon sechs seiner Kochbücher wurden von der Gastronomischen Akademie Deutschlands mit der Silbermedaille ausgezeichnet.

Mehr unter: www.oliverbrachat.com

Impressum

Bibliografische Information der Deutschen Nationalbibliothek

Die Deutsche Nationalbibliothek verzeichnet diese Publikation in der Deutschen Nationalbibliografie; detaillierte bibliografische Daten sind im Internet über http://dnb.d-nb.de abrufbar.

BLV Buchverlag GmbH & Co. KG
80797 München

www.facebook.com/blvVerlag

Bildnachweis
foodfotos: Oliver Brachat, www.oliverbrachat.com
foodstyling: Alissa Poller, www.alissapoller.com
Assistenz: Lilly Backes, Fanny Rebecca Brachat
Porträt Autorin: Toby Wulff
Porträt Fotograf: Christoph Gellert

Illustrationen
Julia Romeiß

Umschlagkonzeption und Gestaltung: Julia Romeiß
Umschlagfotos: Oliver Brachat

Lektorat: Sonja Forster
Herstellung: Angelika Tröger
Layoutkonzept Innenteil: Julia Romeiß, München
Layout/DTP: Uhl + Massopust GmbH, Aalen

Gedruckt auf chlorfrei gebleichtem Papier

Printed in Germany
ISBN 978-3-8354-1831-8

Hinweis
Das vorliegende Buch wurde sorgfältig erarbeitet. Dennoch erfolgen alle Angaben ohne Gewähr. Weder Autorin noch Verlag können für eventuelle Nachteile oder Schäden, die aus den im Buch vorgestellten Informationen resultieren, eine Haftung übernehmen.